厚大法考

2024 年国家法律职业资格考试

法考精神体系

带写带练·真题集萃·进阶案例

刑法

沙盘推演

主观题

陈 橙 ◎ 编著　厚大出品

中国政法大学出版社

把每一个黎明看作生命的开始

《《《 厚大在线 》》》

硬核干货
八大学科学习方法、新旧大纲对比及增删减总结、考前三页纸等你解锁。

定期直播
备考阶段计划、心理疏导、答疑解惑，专业讲师与你相约"法考星期天"直播间。

免费课堂
图书各阶段配套名师课程的听课方式，课程更新时间获取，法考必备通关神器。

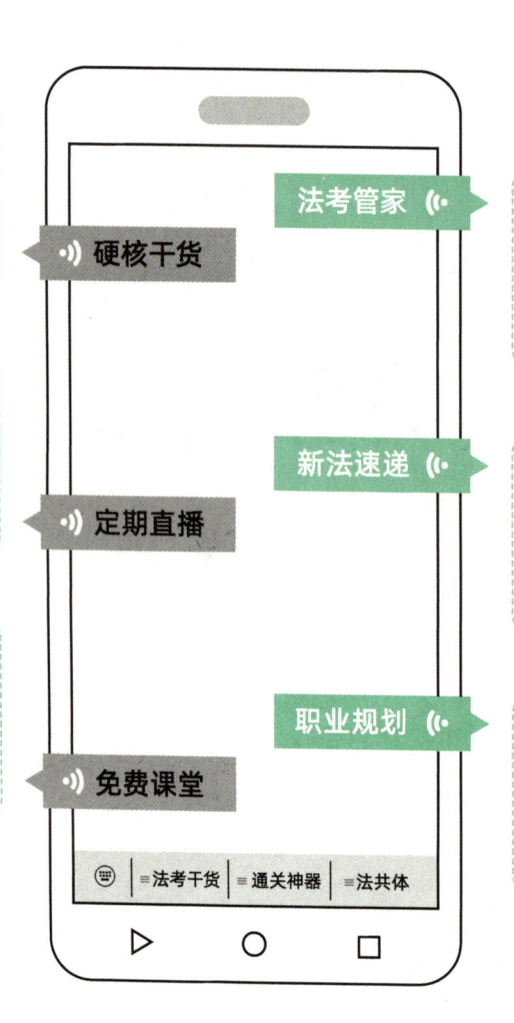

法考管家
法考公告发布、大纲出台、主客观报名时间、准考证打印等，法考大事及时提醒。

新法速递
新修法律法规、司法解释实时推送，最高院指导案例分享；牢牢把握法考命题热点。

职业规划
了解各地实习律师申请材料、流程，律师执业手册等，分享法律职业规划信息。

法考干货 | 通关神器 | 法共体

更多信息
关注厚大在线

HOUDA

代总序

做法治之光

——致亲爱的考生朋友

如果问哪个群体会真正认真地学习法律，我想答案可能是备战法考的考生。

当厚大的老总力邀我们全力投入法考的培训事业，他最打动我们的一句话就是：这是一个远比象牙塔更大的舞台，我们可以向那些真正愿意去学习法律的同学普及法治的观念。

应试化的法律教育当然要帮助同学们以最便捷的方式通过法考，但它同时也可以承载法治信念的传承。

一直以来，人们习惯将应试化教育和大学教育对立开来，认为前者不登大雅之堂，充满填鸭与铜臭。然而，没有应试的导向，很少有人能够真正自律到系统地学习法律。在许多大学校园，田园牧歌式的自由放任也许能够培养出少数的精英，但不少学生却是在游戏、逃课、昏睡中浪费生命。人类所有的成就靠的其实都是艰辛的训练；法治建设所需的人才必须接受应试的锤炼。

应试化教育并不希望培养出类拔萃的精英，我们只希望为法治建设输送合格的人才，提升所有愿意学习法律的同学整体性的法律知识水平，培育真正的法治情怀。

厚大教育在全行业中率先推出了免费视频的教育模式，让优质的教育从此可以遍及每一个有网络的地方，经济问题不会再成为学生享受这些教育资源的壁垒。

最好的东西其实都是免费的，阳光、空气、无私的爱，越是弥足珍贵，越是免费的。我们希望厚大的免费课堂能够提供最优质的法律教育，一如阳光遍洒四方，带给每一位同学以法律的温暖。

没有哪一种职业资格考试像法考一样，科目之多、强度之大令人咂舌，这也是为什么通过法律职业资格考试是每一个法律人的梦想。

法考之路，并不好走。有沮丧、有压力、有疲倦，但愿你能坚持。

坚持就是胜利，法律职业资格考试如此，法治道路更是如此。

当你成为法官、检察官、律师或者其他法律工作者，你一定会面对更多的挑战、更多的压力，但是我们请你持守当初的梦想，永远不要放弃。

人生短暂，不过区区三万多天。我们每天都在走向人生的终点，对于每个人而言，我们最宝贵的财富就是时间。

感谢所有参加法考的朋友，感谢你愿意用你宝贵的时间去助力中国的法治建设。

我们都在借来的时间中生活。无论你是基于何种目的参加法考，你都被一只无形的大手抛进了法治的熔炉，要成为中国法治建设的血液，要让这个国家在法治中走向复兴。

数以万计的法条，盈千累万的试题，反反复复的训练。我们相信，这种貌似枯燥机械的复习正是对你性格的锤炼，让你迎接法治使命中更大的挑战。

亲爱的朋友，愿你在考试的复习中能够加倍地细心。因为将来的法律生涯，需要你心思格外的缜密，你要在纷繁芜杂的证据中不断搜索，发现疑点，去制止冤案。

亲爱的朋友，愿你在考试的复习中懂得放弃。你不可能学会所有的知识，抓住大头即可。将来的法律生涯，同样需要你在坚持原则的前提下有所为、有所不为。

亲爱的朋友，愿你在考试的复习中沉着冷静。不要为难题乱了阵脚，实在不会，那就绕道而行。法律生涯，道阻且长，唯有怀抱从容淡定的心才能笑到最后。

法律职业资格考试不仅仅是一次考试，它更是你法律生涯的一次预表。

我们祝你顺利地通过考试。

不仅仅在考试中，也在今后的法治使命中——

不悲伤、不犹豫、不彷徨。

但求理解。

厚大®全体老师　谨识

序 言
PREFACE

刑法在法考中占有重要的比重。从历年的分值来说，大致在30分左右。

年 份	2018	2019	2020	2021	2022	2023
分 值	30	36	34	31	31	31

刑法主观题的第一个特点是知识点分布上的"重者恒重"，即历年考查的重点今年一定依然是重点。从2002年到2024年，刑法考点出现频次由高到低分别是：

就总则来说：共同犯罪考查10次，事实认识错误考查5次，未完成罪考查4次，自首和立功考查3次，正当防卫考查2次，因果关系考查2次，犯罪故意考查1次，不作为犯考查1次。另外，罪数的问题不会直接设问考查，但一定会有所涉及。在触犯多个罪名的情况下，应当数罪并罚还是从一重罪处罚，或是按照法定的其他方式处罚，在每一年的主观题中都有涉及。

就分则来说：抢劫罪考查7次，贪污贿赂犯罪考查6次，盗窃罪考查5次，信用卡诈骗罪考查5次，故意伤害罪考查5次，诈骗罪考查4次，故意杀人罪考查4次，非法拘禁罪考查4次，敲诈勒索罪考查3次，侵占罪考查3次，"赃物犯罪"考查2次，绑架罪考查1次，故意毁坏财物罪考查1次，徇私枉法罪考查1次，非国家工作人员受贿罪考查1次。

可以看到，刑法主观题考查集中在财产共同犯罪、财产犯罪、人身犯罪三章中，考查的内容约占全部考点的3/4。因此，这三章至关重要，对于其中涉及知识点、罪名的判断和表达，要达到炉火纯青的程度。

刑法主观题的第二个特点是存在"一问到底"的特殊题型。

从2002年的"司考时代"到如今的"法考时代"，刑法主观题的题型包括以下四种：

1. "一问到底"型

这一题型的特征是，通篇只有一个问题。例如：

"请综合全案，分析刘某、任某、王某、高某、洪某、赵某和郑某的刑事责任（包括罪名、犯罪形态、量刑情节等）。有不同观点的，请说明理由。"

这一类型的题目难度高，在历年刑法主观题考试中约占48%。

2. "分别设问"型

这一题型的特征是，问题分点设问，但问题的答案没有确定的对应段落，而是分散在前后段落、甚至全文中。例如：

"关于赵某杀害钱某以便将名画据为己有这一事实，可能存在哪几种处理意见？各自的理由是什么？"

这一类型的题目难度较高，在历年刑法主观题考试中约占26%。

3. "观点展示"型

这是2021年出现的新题型，它的特征是，给几段案情，告诉考生不同观点得出的结论，让考生论述理由。2022年刑法主观题的题型也算是"观点展示型"。例如：

"甲敲诈勒索乙，威胁公布隐私，乙按照甲的要求将10万元现金放在垃圾桶。甲告知丙真相，丙去取来10万元现金，两人平分。第一种观点认为，丙构成敲诈勒索罪；第二种观点认为，丙构成侵占罪。请分别说明理由。"

这一题型属于新类型，在2021、2022年考查过。

4. "论述写作"型

这一题型的特征是，给若干材料，让考生分析材料写作。例如：

"根据罪刑法定原则，评述上述两个网上'裸聊'案的处理结果。"

这一题型只在2006年和2008年各出现一次，之后再没有出现。

此外，"观点展示"问题不仅出现在"观点展示"题型中，而且出现在其他各种题型中，且几乎每年刑法主观题考试都有"观点展示"问题。

"观点展示"，是指对于同一个刑法问题，存在不同的学说观点，多个观点都有一定道理，但得出的结论往往有差异。考试中，多种观点必须均要写出，不能只写一种。这种题型难度很大，需要平时积累和一定的答题技巧。

首先，在"观点展示"问题中，不管学界的观点有几种，考试里面一般写两到三种就够了。这就给考生提供了"猜答案"的空间，也就是针对"观点展示"问题，先预估出两个可能的结论，然后对相应结论凑出表达即可。

注意，除了打击错误中的"法定符合说""具体符合说"之外，其他学说可不写学说名称，直接写作"观点1""观点2"即可。

那么，怎么去"猜答案"呢？常见思路有以下几种：

（1）考虑有罪还是无罪。

（2）考虑属性相似的罪名，如盗窃和诈骗、侵占和盗窃。

（3）考虑既遂和未遂。

（4）存在若干要素如何搭配组合的问题。例如，是"抢劫致人死亡和放火罪并罚"，还是"放火致人死亡和抢劫罪并罚"。

答题时的基本思路是"倒置三段论"。所谓"倒置三段论"理论，是指在进行具体的解释时，解释者往往是先有了预判结论，然后再考查事实和规范是否对应。在刑法主观题答题的时候，也需要采用"倒置三段论"的思路，即先根据知识储备得出结论，再根据结论反推表达。

例如，有一年的真题如下：

"甲进屋向丙借钱，丙说：'家里没钱。'甲在丙家吃饭过夜。乙见甲长时间不出来，只好开车回家。甲一觉醒来，见丙已睡着，便起身试图打开保险柜。丙惊醒大声斥责甲，说道：'快住手，不然我报警了！'甲恼怒之下将丙打死，藏尸地窖。"

本案中，先得出两个结论：①甲是转化抢劫；②甲是"抢劫致人死亡"。

那么，怎么表达"转化抢劫"呢？需要知道精简表达的框架为"前置罪名+为了抗拒抓捕+使用暴力/暴力相威胁"。代入案情，写作：

"甲在盗窃过程中为了抗拒抓捕使用暴力，转化为抢劫罪。"

怎么表达"抢劫致人死亡"呢？需要知道精简表达的框架为"抢劫过程中杀人"或者"导致他人死亡"。代入案情，写作：

"在抢劫过程中杀人，属于'抢劫致人死亡'"。

因此，最终表达为：

"甲在盗窃过程中为了抗拒抓捕使用暴力，转化为抢劫罪，且在抢劫过程中杀人，属于'抢劫致人死亡'，加重处罚。"

这样的思路过程训练是刑法主观题必需的。

另外，在答题的时候，需要注意以下一些刑法主观题答题的注意事项：

（1）不要写大前提，以小前提起手表达。例如，不要写"盗窃罪是指打破他人占有、建立新的占有的行为，甲犯的就是盗窃罪"，而要写成"甲以平和手段打破他人对手表的占有、建立新的占有，构成盗窃罪，数额为2100元"。

（2）不要写法条，也不要写量刑结论。

（3）不要完整表达三阶层。

这些注意事项在后面的案例中也会具体体现。

陈 橙

2024 年 5 月

目录 CONTENTS

第一部分 ▶ 真题集萃 ······ 001

专题一 "一问到底"型 ······ 001

集萃一　　2020 年法考主观卷回忆题 ······ 001

集萃二　　2019 年法考主观卷回忆题 ······ 005

集萃三　　2017 年司考卷四第二题 ······ 010

集萃四　　2015 年司考卷四第二题 ······ 013

集萃五　　2014 年司考卷四第二题 ······ 016

集萃六　　2009 年司考卷四第二题 ······ 019

集萃七　　2006 年司考卷四第四题 ······ 021

集萃八　　2004 年司考卷四第六题 ······ 024

集萃九　　2003 年司考卷四第一题 ······ 027

集萃十　　2002 年司考卷四第二题 ······ 029

专题二 "分别设问"型 ······ 032

集萃十一　2023 年法考主观卷回忆题 ······ 032

集萃十二　2018 年法考主观卷回忆题 ······ 036

集萃十三　2016 年司考卷四第二题 ······ 039

集萃十四　2013 年司考卷四第二题 ······ 044

集萃十五　2012 年司考卷四第二题 ······ 048

集萃十六	2011年司考卷四第二题	052
集萃十七	2010年司考卷四第二题	054
集萃十八	2008年司考卷四第二题	058
集萃十九	2008年司考卷四第四题（延考卷）	061
集萃二十	2007年司考卷四第二题	063

专题三 "观点展示"型 ···················· 067

集萃二十一	2022年法考主观卷回忆题	067
集萃二十二	2021年法考主观卷回忆题	070
集萃二十三	2021年法考主观卷回忆题（延考卷）	072

专题四 "论述写作"型 ···················· 076

集萃二十四	2008年司考卷四第七题	076
集萃二十五	2006年司考卷四第六题	079

第二部分 大综案例 ···················· 081

专题一 "一问到底"型 ···················· 081

案例一	自己摩托自己偷，遭遇路人把人抽	081
案例二	暴打精神病，父子双毙命	083
案例三	杀人放火偷手表，抢劫望风全想到	086
案例四	"洪、白、吴各怀鬼胎"案	090
案例五	夫妻共谋奸杀案	095
案例六	抢劫又刷卡，还把警察打	099
案例七	"逼人下海"案	103

专题二 "分别设问"型 ···················· 106

案例八	"行凶从没成功过"案	106
案例九	"被害人白死"案	110
案例十	枪支、药品和坟墓	114
案例十一	老汉扒灰找帮手，绑架一套送人走	118
案例十二	"恶徒魏某化名'孙静'"案	121

案例十三	吴某贪污受贿案 ··	125
案例十四	"恋爱脑杨某某"案 ··	129
案例十五	"装订厂长李某黑化"案 ······································	133
案例十六	射线照领导,开车撞亲妈 ····································	138
案例十七	"杜某杀红眼"案 ··	141
案例十八	王某及其单位犯罪案 ···	144
案例十九	骗色又赌博,开设赌场把人打 ······························	149

专题三 "观点展示"型 ·· 153
案例二十 　特定罪名的观点展示 ··· 153

专题四 "论述写作"型 ·· 156
案例二十一 材料论述题 ·· 156

真题集萃 第一部分

专题一 "一问到底"型

集萃一
2020年法考主观卷回忆题

案情：

2010年3月，刘某与任某为了种植沉香，擅自砍伐了国有森林中的一片林木（1200株），将砍伐的林木扔在一旁，然后种植沉香，一直没有被人发现。2016年2月，森林公安局的侦查人员王某发现林木被砍伐，但因其与刘某是中学同学，碍于情面便未作处理，导致刘某与任某继续种植沉香。（事实一）

2017年3月，王某购买一套房屋后，让刘某负责装修，并将50万元的装修费转交给刘某，同时对装修提出了花100万元才能完成的要求。刘某请甲装修公司装修完工后，甲装修公司应收取120万元的费用，但刘某只给了甲装修公司100万元。甲装修公司负责人钟某执意要求刘某再付20万元，刘某对钟某说："房主是在黑社会混的，你再要20万元，小心我让他捣毁你的装修公司。"钟某听后就没有再要求其支付20万元。后来，刘某对王某说："装修总共花了120万元。"王某说："太贵了，我再出10万元吧。"刘某收下了该10万元。（事实二）

2018年7月，喜欢爬野山的龚某、洪某见到一片沉香树之后心生盗念，龚某、洪某二人盗窃时被刘某与任某发现，洪某立即逃跑。龚某为了窝藏所盗沉香，对刘某、任某以不让拿走沉香就向林业主管部门告发相威胁。刘某、任某担心自己非法砍伐林木的行为被发现，就让龚某拿走了盗窃的价值2万元的沉香。（事实三）

2018年8月，洪某向林业主管部门举报了有人在国有森林中种植沉香的事实。林业主管部门工作人员赵某与郑某上山检查时，刘某与任某为了抗拒抓捕，对赵某与郑某实施暴力，赵某与郑某反击，形成互殴状态。赵某被打成轻伤，该轻伤由刘某、任某造成，但不能查明是刘某的行为所致，还是任某的行为所致。刘某被打成重伤、任某被打成轻伤，其中，刘某的重伤由赵某与郑某共同造成，任某的轻伤则是由刘某的打击错误造成（刘某攻击郑某时，郑某及时躲闪，导致刘某击中了同伙任某）。（事实四）

问题：请综合全案，分析刘某、任某、王某、龚某、洪某、赵某和郑某的刑事责任（包括罪名、犯罪形态、量刑情节等）。有不同观点的，请说明理由。

解答思路

S1：逐段分析案情。

案 件	重要事实	结论和理由
案件1	⊙刘某与任某为了种植沉香，擅自砍伐了国有森林中的一片林木（1200株），将砍伐的林木扔在一旁。	[得出结论] 刘某、任某构成故意毁坏财物罪。 [分析过程] 故意毁坏财物罪和盗窃罪的区别在于，前者不具有非法占有目的。刘某、任某没有将林木据为己有的目的，不构成盗窃罪，也不构成盗伐林木罪。

续表

案 件	重要事实	结论和理由
案件1	⊙2016年2月，森林公安局的侦查人员王某发现林木被砍伐，但因其与刘某是中学同学，碍于情面便未作处理，导致刘某与任某继续种植沉香。	[得出结论] 王某构成徇私枉法罪。 [分析过程] 徇私枉法罪，是指司法工作人员徇私枉法、徇情枉法，对明知是无罪的人而使他受追诉、对明知是有罪的人而故意包庇不使他受追诉，或者在刑事审判活动中故意违背事实和法律作枉法裁判的行为。本案中，王某是侦查人员，是司法工作人员，其故意使得有罪的人不受追究，构成徇私枉法罪。
案件2	⊙2017年3月，王某购买一套房屋后，让刘某负责装修，并将50万元的装修费转交给刘某，同时对装修提出了花100万元才能完成的要求。 ⊙刘某只给了甲装修公司100万元。 ⊙王某说："太贵了，我再出10万元吧。"	[得出结论] 王某构成受贿罪，且是"索贿"，数额为60万元。 [分析过程] 王某付了50万元+10万元=60万元，该付120万元。120万元和60万元的差额60万元即行贿和受贿的数额。
	⊙甲装修公司负责人钟某执意要求刘某再付20万元，刘某对钟某说："房主是在黑社会混的，你再要20万元，小心我让他捣毁你的装修公司。"钟某听后就没有再要求其支付20万元。	[得出结论] 刘某构成诈骗罪与敲诈勒索罪，从一重罪处罚。 [分析过程] 诈骗罪和敲诈勒索罪的区别在于被害人处分财物的原因不同，诈骗罪中，被害人基于错误认识处分财物；敲诈勒索罪中，被害人基于恐惧处分财物。如果被害人同时基于错误认识和恐惧处分财物，行为人构成诈骗罪与敲诈勒索罪的想象竞合，从一重罪处罚。本案中，刘某欺骗又威胁对方，构成诈骗罪和敲诈勒索罪的想象竞合，从一重罪处罚。
案件3	⊙2018年7月，喜欢爬野山的龚某、洪某见到一片沉香树之后心生盗念，龚某、洪某二人盗窃时被刘某与任某发现，洪某立即逃跑。	[得出结论] 龚某、洪某构成盗窃罪。
	⊙龚某为了窝藏所盗沉香，对刘某、任某以不让拿走沉香就向林业主管部门告发相威胁。刘某、任某担心自己非法砍伐林木的行为被发现，就让龚某拿走了盗窃的价值2万元的沉香。	[得出结论] 龚某不属于转化抢劫，构成敲诈勒索罪；洪某构成盗窃罪。 [分析过程] 转化抢劫要求使用暴力或者暴力相威胁，龚某以暴力以外的事由相威胁，取得财物，不属于转化抢劫，而是构成敲诈勒索罪。由于侵犯了单个法益，龚某仅评价为构成敲诈勒索罪即可。洪某没有实施恐吓的行为，仅构成盗窃罪。

续表

案 件	重要事实	结论和理由
案件4	⊙2018年8月，洪某向林业主管部门举报了有人在国有森林中种植沉香的事实。林业主管部门工作人员赵某与郑某上山检查时，刘某与任某为了抗拒抓捕，对赵某与郑某实施暴力，赵某与郑某反击，形成互殴状态。赵某被打成轻伤，该轻伤由刘某、任某造成，但不能查明是刘某的行为所致，还是任某的行为所致。刘某被打成重伤、任某被打成轻伤，其中，刘某的重伤由赵某与郑某共同造成，任某的轻伤则是由刘某的打击错误造成（刘某攻击郑某时，郑某及时躲闪，导致刘某击中了同伙任某）。	刘某、任某→赵某（轻伤） [得出结论] 刘某、任某构成故意伤害罪与妨害公务罪，从一重罪处罚。由于成立共同犯罪，二人均对轻伤结果负责。 赵某、郑某→刘某（重伤） [得出结论] 赵某、郑某在执行公务活动中针对不法侵害进行反击，成立正当防卫。 刘某→任某 [得出结论] 刘某打伤同伙属于偶然防卫，根据"防卫意思不要说"和"防卫意思必要说"得出的结论不同。

S2：将结论用"倒置三段论"的方式表达出来。

答 案

1. 事实一中，刘某与任某不具有非法占有目的，二人砍伐林木，使得财物效用丧失，构成故意毁坏财物罪，成立共同犯罪。王某作为司法工作人员，对明知是有罪的人故意包庇使其不受追诉，构成徇私枉法罪。

2. 事实二中，王某接受刘某垫付的部分装修款的行为属于"索贿"，构成受贿罪，与徇私枉法罪从一重罪处罚，数额为60万元。刘某替王某装修并垫付部分装修款的行为，构成行贿罪。同时，刘某欺骗和恐吓对方，使得被害人陷入错误认识和恐惧，免除其20万元的债务，构成诈骗罪与敲诈勒索罪，从一重罪处罚。

3. 事实三中，龚某试图打破他人占有、建立新的占有，构成盗窃罪。之后，龚某以暴力以外的事由相威胁，取得财物，不属于转化抢劫，而是构成敲诈勒索罪。由于侵犯了单个法益，龚某仅评价为敲诈勒索罪即可。洪某没有实施恐吓的行为，仅构成盗窃罪，与龚某在盗窃罪的范围内成立共同犯罪。

4. 事实四中：

（1）刘某和任某以暴力妨害国家机关工作人员执行公务，构成妨害公务罪。同时，二人还构成故意伤害罪。由于二人成立共同犯罪，因此即使无法查清是谁导致的，也均对赵某的轻伤结果负责。因此，刘某和任某构成妨害公务罪与故意伤害罪，从一重罪处罚。

（2）赵某和郑某针对正在发生的不法侵害进行防卫，导致刘某重伤的，没有超出必要限度，属于正当防卫，不构成犯罪。

（3）刘某意图实施不法侵害，但将同伙任某打伤，客观上造成了防卫效果，属于偶然防卫。对此有两种不同的观点：

观点1：根据"防卫意思不要说"，刘某对任某属于正当防卫，不构成犯罪；

观点2：根据"防卫意思必要说"，刘某对任某构成故意伤害罪。

集萃二

2019年法考主观卷回忆题

案情：

1995年7月，在甲市生活的洪某与蓝某共谋抢劫。蓝某打探了被害人赵某的行踪后，二人决定在同年7月13日晚20点拦路抢劫赵某的财物。当晚19点55分，洪某到达了现场，但没有发现蓝某。赵某出现后，洪某决定独自抢劫赵某。于是，洪某使用事先准备的凶器，击打赵某的后脑，导致赵某昏倒在地不省人事，蓝某此时到达现场，与洪某一并从赵某身上和提包中找出价值2万余元的财物。随后，蓝某先离开了现场，洪某以为赵某已经死亡，便将赵某扔到附近的水库，导致赵某溺死（经鉴定，赵某在死亡前头部受重伤）。公安机关一直未能破案。洪某逃至乙市，化名在某保险公司做保险代理。（事实一）

2006年9月，洪某在被该保险公司辞退后回到甲市，由于没有经济来源，洪某打算从事个体经营。洪某使用虚假的产权证明作担保，从A银行贷款30万元用于经营活动，但由于经营不善导致亏损。为了归还贷款，洪某想通过租车用于质押骗取他人借款。洪某从B汽车租赁公司（以下简称"B公司"）员工钱某那里得知，所有的汽车都装有GPS系统，如果租车人没有按时归还，B公司就会根据GPS定位强行将汽车收回。洪某心想，即使自己欺骗了B公司，租期届满时B公司也会将汽车收回，因而不会有财产损失。于是，洪某以真实身份与B公司签订了租车协议，从B公司租了一辆奥迪车，约定租车1周，并在租车时交付了租金。租到车后，洪某伪造了车辆行驶证与购车发票，找到C小贷公司借款50万元。C小贷公司负责人孙某信以为真，将奥迪车留在公司（但没有办理质押手续），借给洪某50万元。洪某归还了A银行的30万元贷款本息。1周后，B公司发现洪某没有归还车辆，便通过GPS定位找到车辆，并将车辆开回。孙某发现自己上当后报警。（事实二）

2018年，公安机关以洪某犯诈骗罪为由在网上通缉洪某。洪某看到通缉后，得知公安机关并没有掌握自己1995年的犯罪事实，便找到甲市环保局副局长白某，请白某向公安局领导说情，并给白某5万元现金。白某向公安局副局长李某说情时，李某假装答应大事化小，同时从白某处打听到洪某的藏身之处。随后，李某带领公安人员抓获了洪某。洪某到案后，如实供述了自己对 C 小贷公司的诈骗事实，但否认自己对 B 公司构成合同诈骗罪，也没有交代 1995 年的犯罪事实，但主动交代了公安机关尚未掌握的另一起犯罪事实，并且检举了黄某与程某的一起犯罪事实。（事实三）

洪某主动交代的另一起犯罪事实是：2016 年 10 月 5 日，洪某潜入某机关办公室，发现办公桌内有一个装有现金的信封，便将信封和现金一起盗走。次日，洪某取出信封中的现金（共 8000 元）时，意外发现信封里还有一张背面写着密码的银行卡。于是，洪某就对其妻青某说："我捡了一张银行卡，你到商场给自己买点衣服去吧！"青某没有去商场购买衣服，而是用银行卡从自动取款机里取出了 4 万元现金，但没有将此真相告诉洪某。（事实四）

洪某检举的犯罪事实，是其与程某喝酒时由酒后的程某透露出来的：2015 年，黄某雇请程某伤害黄某的前妻周某，声称只要将周某的手臂砍成轻伤就行，程某表示同意。黄某预付给程某 10 万元，并许诺事成后再给 20 万元。程某跟踪周某后，威胁周某说："有人雇我杀你，如果你给我 40 万元，我就不杀你了，否则我就杀了你。"周某说："你不要骗我，我才不相信呢！"程某为了从黄某那里再得到 20 万元，于是拿出水果刀砍向周某的手臂。周某以为程某真的杀害自己，情急之下用手臂抵挡，程某手中的水果刀正好划伤了周某的手臂（构成轻伤）。周某因患有白血病，受伤后流血不止而死亡。程某不知道周某患有白血病，但黄某知道。（事实五）

程某后来向黄某索要约定的 20 万元时，黄某说："我只要你砍成轻伤你却把人砍死了，所以 20 万元就不给了。"程某恼羞成怒，将黄某打成重伤。（事实六）

问题：请根据《刑法》的相关规定与刑法原理分析相关人的刑事责任。（要求注重说明理由，并可以同时答出不同观点和理由）

解答思路

S1：逐段分析案情。

案 件	重要事实	结论和理由
案件1 （事实一）	○洪某与蓝某共谋抢劫。	［得出结论］洪某和蓝某构成抢劫罪的共同犯罪。
	○洪某使用事先准备的凶器，击打赵某的后脑，导致赵某昏倒在地不省人事。 ○洪某以为赵某已经死亡，便将赵某扔到附近的水库，导致赵某溺死（经鉴定，赵某在死亡前头部受重伤）。	［得出结论］根据不同观点，洪某可能属于抢劫致人死亡；也可能构成抢劫致人重伤与过失致人死亡罪，数罪并罚。 ［分析过程］洪某在抢劫中杀人，却出现了死亡结果的推迟实现。如果把死亡结果归属于前行为，则洪某属于抢劫致人死亡；如果把死亡结果归属于"抛尸"行为，则洪某构成抢劫致人重伤与过失致人死亡罪，数罪并罚。这里存在观点展示。
	○蓝某此时到达了现场，与洪某一并从赵某身上和提包中找出价值2万余元的财物。	［得出结论］蓝某属于抢劫致人死亡。 ［分析过程］蓝某参与了抢劫行为，且对死亡结果有预见可能性，也对死亡结果负责。
案件2 （事实二）	○租到车后，洪某伪造了车辆行驶证与购车发票，找到C小贷公司借款50万元。 ○1周后，B公司发现洪某没有归还车辆，便通过GPS定位找到车辆，并将车辆开回。	［得出结论］洪某对C小贷公司构成贷款诈骗罪。 ［分析过程］贷款诈骗罪的对象是金融机构，有资质的C小贷公司属于金融机构，当然可以成为贷款诈骗罪的对象。洪某以非法占有目的，使得C小贷公司遭受损失，构成贷款诈骗罪。
	○洪某归还了A银行的30万元贷款本息。	［得出结论］洪某对A银行不构成骗取贷款罪。 ［分析过程］骗取贷款罪需要造成金融损失，洪某归还了A银行的30万元贷款本息，没有对A银行造成损失，因此不构成骗取贷款罪。
案件3 （事实三）	○（洪某）找到甲市环保局副局长白某，请白某向公安局领导说情，并给白某5万元现金。	［得出结论］洪某给予国家工作人员财物，构成行贿罪。
	○白某向公安局副局长李某说情。	［得出结论］白某收受他人财物，意图通过其他国家工作人员的职务行为，为请托人洪某谋取不正当利益，构成（斡旋受贿型）受贿罪。 ［分析过程］斡旋受贿需要"通过"其他国家工作人员的职务行为，为请托人谋取不正当利益。所谓"通过"，是指"就事论事"，即让对方办事，但没有跟对方说自己收了钱。如果办事者知道收钱的事实，则不考虑斡旋受贿的问题。

续表

案　件	重要事实	结论和理由
案件3 （事实三）	同　前	本案的关键在于"说情"，即李某对白某收钱的事实不知情，因此，白某属于斡旋受贿。
	⊙李某假装答应大事化小，同时从白某处打听到洪某的藏身之处。随后，李某带领公安人员抓获了洪某。	[得出结论] 李某没有收受财物的意思，不构成犯罪。既然不构成犯罪，也就不属于立功。 [分析过程] 自首、立功的成立以构成犯罪为前提。
	⊙公安机关以洪某犯诈骗罪为由在网上通缉洪某。 ⊙洪某到案后，如实供述了自己对C小贷公司的诈骗事实，但否认自己对B公司构成合同诈骗罪，也没有交代1995年的犯罪事实，但主动交代了公安机关尚未掌握的另一起犯罪事实，并且检举了黄某与程某的一起犯罪事实。	[得出结论] 由于公安机关已经知道洪某在案件2中的犯罪事实，因此，洪某对案件2属于坦白。 洪某对案件4属于特别自首。 案件5中，洪某揭发他人的犯罪事实，属于立功。 [分析过程] 特别自首与一般自首的核心区别在于，特别自首是犯罪嫌疑人已经处于被采取强制措施的状态，一般自首需要"自动投案"。特别自首与坦白的区别在于，特别自首供述的是公安机关未掌握的事实，坦白供述的是公安机关已经掌握的事实。
案件4 （事实四）	⊙洪某潜入某机关办公室，发现办公桌内有一个装有现金的信封，便将信封和现金一起盗走。次日，洪某取出信封中的现金（共8000元）。	[得出结论] 洪某构成盗窃罪。
	⊙（洪某）发现信封里还有一张背面写着密码的银行卡。于是，洪某就对其妻青某说："我捡了一张银行卡，你到商场给自己买点衣服去吧！"	[得出结论] 洪某盗窃信用卡并使用，构成盗窃罪。 [注意] 盗窃信用卡，隐瞒盗窃的事实并教唆他人冒用的，即属于"盗窃信用卡并使用"，构成盗窃罪，同时又构成信用卡诈骗罪的教唆犯。考试的时候回答哪一种都可以。
	⊙（青某）用银行卡从自动取款机里取出了4万元现金。	[得出结论] 青某盗刷他人信用卡，构成信用卡诈骗罪。 [分析过程] 遇到盗刷信用卡的案件，盗窃信用卡并使用的定盗窃罪，抢劫信用卡并使用的定抢劫罪，其他全部定信用卡诈骗罪。

续表

案 件	重要事实	结论和理由
案件5（事实五）	⊙黄某雇请程某伤害黄某的前妻周某，声称只要将周某的手臂砍成轻伤就行。 ⊙周某因患有白血病，受伤后流血不止而死亡。 ⊙黄某知道（周某患有白血病）。	[得出结论] 黄某属于故意杀人罪的间接正犯。 [分析过程] 间接正犯在题目中的标志包括欺骗、胁迫、特殊认知，而本案就是最典型的"特殊认知"型的间接正犯，即行为人知道的比别人多，利用他人作为工具实施犯罪的情形。
	⊙黄某雇请程某伤害黄某的前妻周某，声称只要将周某的手臂砍成轻伤就行，程某表示同意。 ⊙程某为了从黄某那里再得到20万元，于是拿出水果刀砍向周某的手臂。 ⊙周某因患有白血病，受伤后流血不止而死亡。程某不知道周某患有白血病。	[得出结论] 程某仅有伤害的故意，且被害人有特殊体质，程某无法预见，因此，程某仅构成故意伤害罪的基本犯。 [分析过程] "特殊体质"，是指异于常人的健康体质且表现为生理机能缺失，以致在受到外界刺激时能产生超乎行为人主观认识的不良后果。特殊体质的案件中，虽然被害人的死亡结果和行为之间依然存在因果关系，但由于行为人主观上没有预见可能性，因此不对被害人的死亡结果负责。
	⊙（程某）威胁周某说："有人雇我杀你，如果你给我40万元，我就不杀你了，否则我就杀了你。"周某说："你不要骗我，我才不相信呢！"	[得出结论] 程某以暴力相威胁，试图取得财物，构成抢劫罪。 [分析过程] 一般情况下，以暴力相威胁取得财物的是抢劫，以非暴力相威胁取得财物的是敲诈勒索。
案件6（事实六）	⊙程某恼羞成怒，将黄某打成重伤。	[得出结论] 程某对黄某构成故意伤害罪。

附：时间线整理

| 1995年
案件1 | 2006年
案件2（公安机关掌握） | 2015年
案件5（立功） | 2016年
案件4（自首） | 2018年
案件3 |

S2：将结论用"倒置三段论"的方式表达出来。

答案

1. 事实一中：
（1）洪某、蓝某二人共同实施抢劫行为，成立抢劫罪的共同犯罪。
（2）洪某属于事前故意，对此有两种观点：

观点1：洪某有抢劫的故意，且有导致他人死亡的结果，属于抢劫致人死亡；

观点2：洪某在实施抢劫之后"抛尸"的行为过失导致他人死亡，构成抢劫致人重伤与过失致人死亡罪，数罪并罚。

（3）蓝某与洪某实施了抢劫行为，对他人的死亡结果有预见可能性，成立抢劫致人死亡。

2. 事实二中：

（1）洪某客观上伪造相关证件、骗取金融机构C小贷公司贷款，主观上没有归还贷款的意思，具有非法占有贷款目的，构成贷款诈骗罪；

（2）A银行没有遭受损失，洪某对A银行不构成骗取贷款罪。

3. 事实三中，洪某给予国家工作人员白某财物，构成行贿罪；白某收受他人财物，意图通过其他国家工作人员李某的职务行为，为请托人洪某谋取不正当利益，构成"斡旋受贿"型的受贿罪。李某没有收受贿赂的故意，不构成受贿罪。由于诈骗罪的事实已经被公安机关掌握，洪某如实供述自己对C小贷公司的诈骗事实属于坦白；主动交代自己所犯盗窃罪的事实（事实四）属于特别自首；供述黄某和程某的犯罪事实属于立功。

4. 事实四中，洪某主动交代自己所犯盗窃罪的事实（事实四）属于特别自首。洪某盗窃他人8000元现金，且盗窃信用卡并使用，构成盗窃罪，数额累计计算。青某以为是捡到的信用卡而冒用，构成信用卡诈骗罪。

5. 事实五、事实六中，洪某对他人的犯罪事实进行检举，属于立功。黄某主观上明知被害人周某存在特殊体质，利用程某的杀人行为导致他人死亡，构成故意杀人罪的间接正犯。程某有伤害他人的故意，但对结果没有预见可能性，只构成故意伤害罪。二人在故意伤害罪的范围内成立共同犯罪。另外，程某以暴力相威胁，意图取得财物，但未得逞，还成立抢劫罪（未遂）。程某恼羞成怒，将黄某打成重伤，构成故意伤害罪。

集萃三

2017年司考卷四第二题

案情：

甲生意上亏钱，乙欠下赌债，二人合谋干一件"靠谱"的事情以摆脱困境。甲按分工找到丙，骗丙使其相信钱某欠债不还，丙答应控制钱某的小孩以逼钱某还债，否则不放人。

丙按照甲所给线索将钱某的小孩骗到自己的住处看管起来，电告甲控制了钱某的小孩，甲通知乙行动。乙给钱某打电话："你的儿子在我们手上，赶快交50万元赎人，否则撕票！"钱某看了一眼身旁的儿子，回了句："骗子！"便挂断电话，不再理睬。乙感觉异常，将情况告诉甲。甲来到丙处发现这个孩子不是钱某的小孩而是赵某的小孩，但没有告诉丙，只是嘱咐丙看好小孩，并从小孩口中套出其父赵某的电话号码。

甲与乙商定转而勒索赵某的钱财。第二天，小孩哭闹不止要离开，丙恐被人发觉，用手捂住小孩口、鼻，然后用胶带捆绑其双手并将嘴缠住，致其机械性窒息死亡。甲得知后与乙商定放弃勒索赵某财物，由乙和丙处理尸体。乙、丙二人将尸体连夜运至城外掩埋。第三天，乙打电话给赵某，威胁赵某赶快向指定账号打款30万元，不许报警，否则撕票。赵某当即报案，甲、乙、丙三人很快归案。

问题：请分析甲、乙、丙的刑事责任（包括犯罪性质即罪名、犯罪形态、共同犯罪、数罪并罚等），须简述相应理由。

解答思路

S1：逐段分析案情。

案　件	重要事实	结论和理由
案件1	○甲按分工找到丙，骗丙使其相信钱某欠债不还，丙答应控制钱某的小孩以逼钱某还债，否则不放人。	[得出结论] 甲和乙构成绑架罪，丙构成非法拘禁罪。 [分析过程] 甲和乙有非法占有目的，构成绑架罪；丙没有非法占有目的，构成非法拘禁罪。
	○丙按照甲所给线索将钱某的小孩骗到自己的住处看管起来，电告甲控制了钱某的小孩。 ○甲来到丙处发现这个孩子不是钱某的小孩而是赵某的小孩。	[得出结论] 三人均是犯罪既遂。 [分析过程] 三人存在对象错误，对象错误不影响犯罪既遂的认定，三人均是犯罪既遂。

续表

案　件	重要事实	结论和理由
案件2	⊙丙恐被人发觉，用手捂住小孩口、鼻，然后用胶带捆绑其双手并将嘴缠住，致其机械性窒息死亡。	[得出结论] 丙在非法拘禁之后杀人，构成故意杀人罪。 [分析过程] "捂住口鼻"有导致他人死亡的高度危险性，因此是杀人行为。丙有杀人行为，构成故意杀人罪，与非法拘禁罪数罪并罚。 　　另外，绑架罪没有结果加重犯，因此，丙导致被害人死亡的结果超出了甲和乙的犯罪故意，甲和乙对被害人的死亡结果不负责。
案件2	⊙乙、丙二人将尸体连夜运至城外掩埋。	[得出结论] 乙构成帮助毁灭、伪造证据罪；丙不构成帮助毁灭、伪造证据罪。 [分析过程] 丙是故意杀人罪的本犯，其运送尸体的行为不具有期待可能性。乙帮助丙处理尸体，构成帮助毁灭、伪造证据罪。
案件3	⊙乙打电话给赵某，威胁赵某赶快向指定账号打款30万元，不许报警，否则撕票。	[得出结论] 乙构成诈骗罪和敲诈勒索罪，从一重罪处罚。 [分析过程] 乙在打电话的时候人质死亡，乙没有实际控制人质，不构成绑架罪。乙利用了对方的错误认识和恐惧，构成诈骗罪和敲诈勒索罪，从一重罪处罚。（假绑架，真敲诈，诈骗一起罚）

S2：将结论用"倒置三段论"的方式表达出来。

> **答案**

1. 甲、乙、丙三人在非法拘禁的范围内成立共同犯罪，甲和乙有非法占有目的，向第三人索要财物，构成绑架罪；丙没有非法占有目的，构成非法拘禁罪。三人控制人质，即为犯罪既遂。

2. 丙在非法拘禁之后用手捂住被害人口鼻，此行为具有导致他人死亡的高度危险性，因此，丙构成故意杀人罪，与非法拘禁罪数罪并罚。丙的杀人行为超出了甲、乙二人的犯罪故意，属于实行过限，甲、乙对被害人的死亡结果不负责。但乙帮助丙运送尸体，构成帮助毁灭、伪造证据罪。

3. 乙虚构被绑架人存活的事实向赵某索要财物，并且以恶害相通告，同时构成诈骗罪与敲诈勒索罪，属于想象竞合的情形，从一重罪论处，再与之前所犯绑架罪数罪并罚。乙的勒索行为超出了甲、丙的故意，属于实行过限，甲、丙对此不负责。

集萃四
2015年司考卷四第二题

案情：

高某（男）与钱某（女）在网上相识，后发展为网恋关系，其间，钱某知晓了高某一些隐情，并以开店缺钱为由，骗取了高某20万元现金。

见面后，高某对钱某相貌大失所望，相处不久更感到她性格古怪，便决定断绝关系。但钱某百般纠缠，最后竟以公开隐情相要挟，要求高某给予500万元补偿费。高某假意筹钱，实际打算除掉钱某。

随后，高某找到密友夏某和认识钱某的宗某，共谋将钱某诱骗至湖边小屋，先将其掐昏，然后扔入湖中溺死。事后，高某给夏某、宗某各20万元作为酬劳。

按照事前分工，宗某发微信将钱某诱骗到湖边小屋。但宗某得知钱某到达后害怕出事后被抓，给高某打电话说："我不想继续参与了。一日网恋十日恩，你也别杀她了。"高某大怒说："你太不义气啦，算了，别管我了！"宗某又随即打钱某电话，打算让其离开小屋，但钱某手机关机未通。

高某、夏某到达小屋后，高某寻机抱住钱某，夏某掐钱某脖子。待钱某不能挣扎后，二人均误以为钱某已昏迷（实际上已经死亡），便准备给钱某身上绑上石块将其扔入湖中溺死。此时，夏某也突然反悔，对高某说："算了，教训她一下就行了。"高某说："好吧，没你事了，你走吧！"夏某离开后，高某在钱某身上绑石块时，发现钱某已死亡。为了湮灭证据，高某将钱某尸体扔入湖中。

高某回到小屋时，发现了钱某的LV手提包（价值5万元），包内有5000元现金、身份证和一张储蓄卡，高某将现金据为己有。

3天后，高某将LV手提包送给前女友尹某，尹某发现提包不是新的，也没有包装，问："是偷来的还是骗来的？"高某说："不要问包从哪里来。我这里还有一张储蓄卡和身份证，身份证上的人很像你，你拿着卡和身份证到银行柜台取钱后，钱全部归你。"尹某虽然不知道全部真相，但能猜到包与卡都可能是高某犯罪所得，但由于爱财还是收下了手提包，并冒充钱某从银行柜台取出了该储蓄卡中的2万元。

问题： 请根据《刑法》相关规定与刑法原理分析高某、夏某、宗某和尹某的刑事责任。（要求注重说明理由，并可以同时答出不同观点和理由）

解答思路

S1：逐段分析案情。

案 件	重要事实	结论和理由
案件1	⊙ 高某找到密友夏某和认识钱某的宗某，共谋将钱某诱骗至湖边小屋，先将其掐昏，然后扔入湖中溺死。事后，高某给夏某、宗某各20万元作为酬劳。 ⊙ 高某、夏某到小屋后，高某寻机抱住钱某，夏某掐钱某脖子。待钱某不能挣扎后，二人均误以为钱某已昏迷（实际上已经死亡），便准备给钱某身上绑上石块将其扔入湖中溺死。	[得出结论] 本案属于结果提前实现，有两种观点。 [分析过程] 两种观点分别是：如果将行为看成整体，则行为人构成故意杀人罪（既遂）；如果将行为拆分，行为人构成故意杀人罪（未遂）与过失致人死亡罪，由于"溺杀"计划在时间上涵盖了过失致人死亡罪，是一个行为，因此从一重罪处罚。
	⊙ 按照事前分工，宗某发微信将钱某诱骗到湖边小屋。但宗某得知钱某到达后害怕出事后被抓，给高某打电话说："我不想继续参与了。一日网恋十日恩，你也别杀她了。"高某大怒说："你太不义气啦，算了，别管我了！"宗某又随即打钱某电话，打算让其离开小屋，但钱某手机关机未通。	[得出结论] 宗某没有脱离，对死亡结果负责。 [分析过程] 宗某主动消除了心理帮助，但没有消除物理帮助，因此不属于共犯脱离，仍要对被害人的死亡结果负责。
	⊙ 此时，夏某也突然反悔，对高某说："算了吧，教训她一下就行了。"高某说："好吧，没你事了，你走吧！"	[得出结论] 夏某没有脱离，对死亡结果负责。 [分析过程] 夏某在被害人死亡结果已经发生的情况下不可能再脱离，因此仍要对被害人的死亡结果负责。

续表

案　件	重要事实	结论和理由
案件2	○高某回到小屋时，发现了钱某的LV手提包（价值5万元），包内有5000元现金、身份证和一张储蓄卡，高某将现金据为己有。	[得出结论] 高某构成盗窃罪或者侵占罪。 [分析过程] 杀人后从死者身上取走财物的，根据不同观点认定为盗窃罪或者侵占罪。
	○3天后，高某将LV手提包送给前女友尹某，尹某发现提包不是新的，也没有包装，问："是偷来的还是骗来的？"高某说："不要问包从哪里来。我这里还有一张储蓄卡和身份证，身份证上的人很像你，你拿着卡和身份证到银行柜台取钱后，钱全部归你。"	[得出结论] 高某构成信用卡诈骗罪的教唆犯。 [分析过程] 高某教唆尹某盗刷信用卡，构成信用卡诈骗罪的教唆犯。
	○尹某虽然不知道全部真相，但能猜到包与卡都可能是高某犯罪所得，但由于爱财还是收下了手提包，并冒充钱某从银行柜台取出了该储蓄卡中的2万元。	[得出结论] 尹某构成掩饰、隐瞒犯罪所得罪和信用卡诈骗罪。 [分析过程] 尹某明知是赃物而收下包，构成掩饰、隐瞒犯罪所得罪；尹某盗刷他人信用卡，构成信用卡诈骗罪。

附：时间线整理

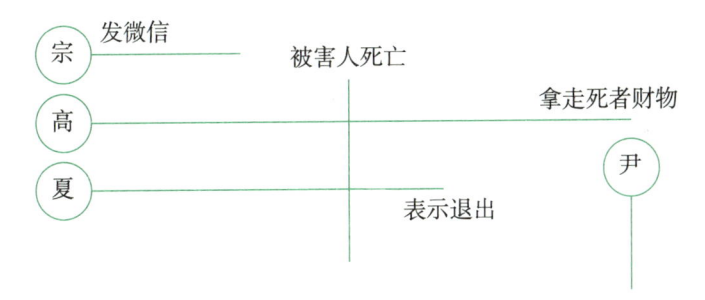

```
宗 ——发微信——
              被害人死亡
高 ——————————————————— 拿走死者财物
                                          尹
夏 —————————— 表示退出
```

S2：将结论用"倒置三段论"的方式表达出来。

> **答　案**

1. 高某、夏某、宗某共谋实施杀人的行为，成立故意杀人罪的共同犯罪。高某和夏某主观上意图将钱某掐晕后溺死，却在实施过程中直接导致钱某死亡，属于结果提前实现，对此有两种不同的观点：

观点1：高某和夏某二人有杀害钱某的故意，且导致钱某死亡，属于故意杀人罪（既遂）。

观点2：高某和夏某二人有溺死钱某的故意，但未以此法得逞，属于故意杀人罪（未遂）。在此过程中，二人不慎导致钱某死亡，属于过失致人死亡罪，与故意杀人罪（未遂）从一重罪处罚。

夏某在既遂结果发生后反悔，不属于共犯脱离，仍需要对被害人的死亡结果负责。宗某没有切断其为高某杀人提供的物理帮助，不属于共犯脱离，也需要对被害人的死亡结果负责。

2. 高某将钱某的手提包和5000元现金拿走，对此有两种不同的观点：

观点1：如果认为死者不占有财物，则高某将财物变占有为所有，构成侵占罪。

观点2：如果认为死者占有财物，则高某打破他人对财物的占有、建立新的占有，构成盗窃罪。

3. 高某将LV手提包送给前女友尹某，尹某明知是犯罪所得而收下的，构成掩饰、隐瞒犯罪所得罪。高某将钱某的储蓄卡与身份证交给尹某，尹某冒用他人信用卡取款2万元，构成信用卡诈骗罪；而高某引起尹某信用卡诈骗的犯意，属于信用卡诈骗罪的教唆犯。

集 萃 五

2014年司考卷四第二题

案情：

国有化工厂车间主任甲与副厂长乙（均为国家工作人员）共谋，在车间的某贵重零件仍能使用时，利用职务之便，制造该零件报废、需向五金厂（非国有企业）购买的假象（该零件价格26万元），以便非法占有货款。甲将实情告知五金厂负责人丙，嘱丙接到订单后，只向化工厂寄出供货单、发票而不需要实际供货，等五金厂收到化工厂的货款后，丙再将26万元货款汇至乙的个人账户。

丙为使五金厂能长期向化工厂供货，便提前将五金厂的26万元现金汇至乙的个人账户。乙随即让事后知情的妻子丁去银行取出26万元现金，并让丁将其中的13万元送给甲。3天后，化工厂会计准备按照乙的指示将26万元汇给五金厂时，因有人举报而未汇出。甲、乙见事情败露，主动向检察院投案，如实交待了上述罪行，并将26万元上交检察院。

此外，甲还向检察院揭发乙的其他犯罪事实：乙利用职务之便，长期以明显高于市场的价格向其远房亲戚戊经营的原料公司采购商品，使化工厂损失近300万元；戊为了使乙长期关照原料公司，让乙的妻子丁未出资却享有原料公司10%的股份（乙、丁均知情），虽未进行股权转让登记，但已分给红利58万元，每次分红都是丁去原料公司领取现金。

问题： 请分析甲、乙、丙、丁、戊的刑事责任（包括犯罪性质、犯罪形态、共同犯罪、数罪并罚与法定量刑情节），须答出相应理由。

解答思路

S1：逐段分析案情。

案 件	重要事实	结论和理由
案件1	○国有化工厂车间主任甲与副厂长乙（均为国家工作人员）共谋，在车间的某贵重零件仍能使用时，利用职务之便，制造该零件报废、需向五金厂（非国有企业）购买的假象（该零件价格26万元），以便非法占有货款。 ○甲将实情告知五金厂负责人丙，嘱丙接到订单后，只向化工厂寄出供货单、发票而不需要实际供货，等五金厂收到化工厂的货款后，丙再将26万元货款汇至乙的个人账户。 ○化工厂会计准备按照乙的指示将26万元汇给五金厂时，因有人举报而未汇出。	[得出结论] 甲、乙、丙构成贪污罪，丙是帮助犯。三人最终没有取得财物，构成贪污罪（未遂）。 [分析过程] 贪污罪的正犯需要有国家工作人员的身份，丙没有身份，是贪污罪的帮助犯。贪污罪的既遂标准是"取得"财物，三人没有取得财物，属于犯罪未遂。

续表

案　件	重要事实	结论和理由
案件2	○甲、乙见事情败露，主动向检察院投案，如实交待了上述罪行，并将26万元上交检察院。	[得出结论]甲和乙自动投案、如实供述罪行，属于自首。
	○甲还向检察院揭发乙的其他犯罪事实。	[得出结论]甲揭发他人罪行，属于立功。
案件3	○乙利用职务之便，长期以明显高于市场的价格向其远房亲戚戊经营的原料公司采购商品，使化工厂损失近300万元。	[得出结论]乙构成为亲友非法牟利罪。 [分析过程]为亲友非法牟利罪，是指国有公司、企业、事业单位的工作人员，利用职务便利，将本单位的盈利业务交由自己的亲友进行经营，或者以明显高于市场的价格从自己的亲友经营管理的单位采购商品、接受服务或者以明显低于市场的价格向自己的亲友经营管理的单位销售商品、提供服务，或者从自己的亲友经营管理的单位采购、接受不合格商品、服务，使国家利益遭受重大损失的行为。乙利用职务之便，长期以明显高于市场的价格向其远房亲戚戊经营的原料公司采购商品，使化工厂遭受损失，构成为亲友非法牟利罪。
案件4	○戊为了使乙长期关照原料公司，让乙的妻子丁未出资却享有原料公司10%的股份（乙、丁均知情），虽未进行股权转让登记，但已分给红利58万元，每次分红都是丁去原料公司领取现金。	[得出结论]戊给予国家工作人员财物，构成行贿罪。乙、丁是受贿罪的共同犯罪；丁没有国家工作人员的身份，成立帮助犯。 [分析过程]股权当然是财产性利益，可以算作"贿赂"。丁没有国家工作人员的身份，仅构成受贿罪的帮助犯。

S2：将结论用"倒置三段论"的方式表达出来。

答　案

第一段事实中，甲、乙利用职务便利，通过虚假的合同，试图将26万元公共财物据为己有，构成贪污罪，但由于没有实际取得财物，属于犯罪未遂。丙主观上明知甲、乙二人实施贪污行为，客观上也帮助甲、乙实施了贪污行为，所以，丙构成贪污罪的帮助犯，是从犯，应当从轻、减轻或者免除处罚。

第二段事实中，甲、乙犯贪污罪后自动投案、如实供述罪行，属于自首，可以从轻或者减轻处罚。

第三段事实中，乙作为国有公司工作人员，长期以明显高于市场的价格向其远房亲戚戊经营的原料公司采购商品，使化工厂损失近300万元，构成为亲友非法牟利罪。

此外，戊让乙的妻子丁未出资却享有原料公司10%的股份，属于为了谋取不正当利益，给予国家工作人员财物的行为，构成行贿罪。乙以妻子丁的名义收受他人财物，构成受贿罪；丁对此知情并提供帮助，属于受贿罪的帮助犯。甲揭发了乙为亲友非法牟利罪与受贿罪的犯罪事实，属于立功，可以从轻或者减轻处罚。

集 萃 六

2009年司考卷四第二题

案情：

甲和乙均缺钱。乙得知甲的情妇丙家是信用社代办点，配有保险柜，认为肯定有钱，便提议去丙家借钱，并说："如果她不借，也许我们可以偷或者抢她的钱。"甲说："别瞎整！"乙未再吭声。某晚，甲、乙一起开车前往丙家。乙在车上等，甲进屋向丙借钱，丙说："家里没钱。"甲在丙家吃饭过夜。乙见甲长时间不出来，只好开车回家。甲一觉醒来，见丙已睡着，便起身试图打开保险柜。丙惊醒大声斥责甲，说道："快住手，不然我报警了！"甲恼怒之下将丙打死，藏尸地窖。

甲不知密码打不开保险柜，翻箱倒柜只找到了丙的一张储蓄卡及身份证。甲回家后想到乙会开保险柜，即套问乙开柜方法，但未提及杀丙一事。甲将丙的储蓄卡和身份证交乙保管，声称系从丙处所借。两天后甲又到丙家，按照乙的方法打开保险柜，发现柜内并无钱款。乙未与甲商量，通过丙的身份证号码试出储蓄卡密码，到商场刷卡购买了一件价值2万元的皮衣。

案发后，公安机关认为甲有犯罪嫌疑，即对其实施拘传。甲在派出所乘民警应对突发事件无人看管之机逃跑。半年后，得知甲行踪的乙告知甲，公安机关正在对甲进行网上通缉，甲于是到派出所交代了自己的罪行。

问题：请根据《刑法》有关规定，对上述案件中甲、乙的各种行为和相关事实、情节进行分析，分别提出处理意见，并简要说明理由。

解答思路

S1：逐段分析案情。

案 件	重要事实	结论和理由
案件1	甲和乙均缺钱。乙得知甲的情妇丙家是信用社代办点，配有保险柜，认为肯定有钱，便提议去丙家借钱，并说："如果她不借，也许我们可以偷或者抢她的钱。"甲说："别瞎整！"乙未再吭声。	[得出结论] 甲和乙没有达成盗窃罪或者抢劫罪的合意。 [分析过程] 甲否定了乙的提议，两人没有达成盗窃罪或者抢劫罪的合意。
案件1	某晚，甲、乙一起开车前往丙家。乙在车上等，甲进屋向丙借钱，丙说："家里没钱。"甲在丙家吃饭过夜。乙见甲长时间不出来，只好开车回家。甲一觉醒来，见丙已睡着，便起身试图打开保险柜。丙惊醒大声斥责甲，说道："快住手，不然我报警了！"甲恼怒之下将丙打死，藏尸地窖。	[得出结论] 甲是转化抢劫；乙无罪。 [分析过程] 从"快住手，不然我报警了"可见，甲有抗拒抓捕的意图，是转化抢劫。 甲隐藏尸体的行为不再另行构成犯罪。 乙没有犯罪故意，不构成犯罪。
案件1	甲不知密码打不开保险柜，翻箱倒柜只找到了丙的一张储蓄卡及身份证。	[得出结论] 抢劫未完待续。 [分析过程] 至此，抢劫还没结束，直到甲最终打开保险柜，才是整个抢劫行为的结束。
案件1	甲回家后想到乙会开保险柜，即套问乙开柜方法，但未提及杀丙一事。甲将丙的储蓄卡和身份证交乙保管，声称系从丙处所借。两天后甲又到丙家，按照乙的方法打开保险柜，发现柜内并无钱款。	[得出结论] 甲两天后折回取钱是抢劫的一部分；乙不另行构成犯罪。 [分析过程] 在乙的视角中，甲不是犯罪的人，因此，乙单纯教授开锁的方法并不构成犯罪。

续表

案 件	重要事实	结论和理由
案件 2	乙未与甲商量，通过丙的身份证号码试出储蓄卡密码，到商场刷卡购买了一件价值 2 万元的皮衣。	[得出结论] 乙构成信用卡诈骗罪。 [分析过程] 乙冒用他人信用卡，构成信用卡诈骗罪。
案件 3	案发后，公安机关认为甲有犯罪嫌疑，即对其实施拘传。甲在派出所乘民警应对突发事件无人看管之机逃跑。半年后，得知甲行踪的乙告知甲，公安机关正在对甲进行网上通缉，甲于是到派出所交代了自己的罪行。	[得出结论] 甲不成立自首。 [分析过程] 在自首的认定中，如果存在"投案"与"逃跑"的问题，一般按照最后的状态认定。唯一的例外是，被采取强制措施后逃跑又投案的，虽然最后投案，但不属于自首。本案即属于这一例外。因此，甲不属于自首。

S2：将结论用"倒置三段论"的方式表达出来。

答 案

第一段事实中，甲在盗窃之后为了抗拒抓捕使用暴力，转化为抢劫罪，且在抢劫过程中杀人，属于"抢劫致人死亡"，加重处罚。甲和乙没有形成犯罪的合意，因此，甲的抢劫行为超出了乙的故意，乙对此不负责。

第二段事实中，甲两天后回到丙家，打开保险柜试图窃取丙的钱财的行为，属于抢劫罪中取财行为的一部分，不再单独构成盗窃罪。乙在不知情的情况下告诉甲打开保险柜的方法，缺乏传授犯罪方法罪以及掩饰、隐瞒犯罪所得、犯罪所得收益罪的故意，不构成犯罪。乙冒用他人信用卡去商场购物，构成信用卡诈骗罪。

第三段事实中，甲在被公安机关采取强制措施后逃跑，即便再投案，也不能成立自首。

集 萃 七

2006 年司考卷四第四题

案情：

甲在 2003 年 10 月 15 日见路边一辆面包车没有上锁，即将车开走，前往 A 市。行驶途中，行人乙拦车要求搭乘，甲同意。甲见乙提包内有巨额现金，遂起意图财。行驶到某偏僻处时，甲谎称发生故障，请乙下车帮助推车。乙将手提包放在面包车座位上，然后下车。甲乘机发动面包车欲逃。乙察觉出甲的意图后，紧抓住车门不放，被面包车拖行 10 余米。甲见乙仍不松手并跟着车跑，便加速疾驶，使乙摔倒在地,造成重伤。乙报警后,公安机关根据汽车号牌将甲查获。

讯问过程中,虽有乙的指认并查获赃物,但甲拒不交待。侦查人员丙、丁对此十分气愤,对甲进行殴打,造成甲轻伤。在这种情况下,甲供述了以上犯罪事实,同时还交待了其在B市所犯的以下罪行:2003年6月的一天,甲于某小学放学之际,在校门前拦截了一名一年级男生,将其骗走,随即带该男生到某个体商店,向商店老板购买价值5000余元的高档烟酒。在交款时,甲声称未带够钱,将男生留在商店,回去拿钱交款后再将男生带走。商店老板以为男生是甲的儿子便同意了。甲携带烟酒逃之夭夭。公安机关查明,甲身边确有若干与甲骗来的烟酒名称相同的烟酒,但未能查找到商店老板和男生。

本案移送检察机关审查起诉后,甲称其认罪口供均系侦查人员丙、丁对他刑讯逼供所致,推翻了以前所有的有罪供述。经检察人员调查核实,确认了侦查人员丙、丁对甲刑讯逼供的事实。

问题:请根据我国刑法的有关规定,对上述案例中甲、丙、丁的各种行为及相关事实分别进行分析,并提出处理意见。

解答思路

S1：逐段分析案情。

案　件	重要事实	结论和理由
案件1	甲在2003年10月15日见路边一辆面包车没有上锁，即将车开走。	[得出结论] 甲构成盗窃罪。 [分析过程] 无论财物是否上锁，都是由被害人占有，甲打破他人占有、建立新的占有，构成盗窃罪。
案件2	甲谎称发生故障，请乙下车帮助推车。乙将手提包放在面包车座位上，然后下车。甲乘机发动面包车欲逃。乙察觉出甲的意图后，紧抓住车门不放，被面包车拖行10余米。甲见乙仍不松手并跟着车跑，便加速疾驰，使乙摔倒在地，造成重伤。乙报警后，公安机关根据汽车号牌将甲查获。	[得出结论] 甲构成抢劫致人重伤。 [分析过程] 甲一开始就使用暴力拖行，因此其行为本身就符合"暴力"型的抢劫，不用按照转化抢劫认定。 　　甲拖行乙，对其重伤结果持放任心态，属于间接故意，触犯故意伤害罪，与抢劫罪整体评价为"抢劫致人重伤"。
案件3	在这种情况下，甲供述了以上犯罪事实，同时还交待了其在B市所犯的以下罪行：	[得出结论] 甲属于特别自首。 [分析过程] 特别自首，是指被采取强制措施的犯罪嫌疑人、被告人和正在服刑的罪犯，如实供述司法机关还未掌握的本人其他罪行。本案中，甲因为抢劫事实被采取强制措施，其供述了公安机关未掌握的其他犯罪事实，属于特别自首。
	甲声称未带够钱，将男生留在商店，回去拿钱付款后再将男生带走。商店老板以为男生是甲的儿子便同意了。甲携带烟酒逃之夭夭。	[得出结论] 甲构成诈骗罪和拐骗儿童罪。 [分析过程] 甲的目的不是出卖儿童，而是骗取财物，因此构成诈骗罪；同时，甲使得儿童脱离家庭和监护人的监管，构成拐骗儿童罪。
案件4	经检察人员调查核实，确认了侦查人员丙、丁对甲刑讯逼供的事实。	[得出结论] 司法工作人员丙、丁构成刑讯逼供罪。 [分析过程] 刑讯逼供，是指司法工作人员对犯罪嫌疑人、被告人使用肉刑或者变相肉刑取口供的行为。甲是犯罪嫌疑人，"殴打"属于"肉刑"，故丙、丁构成刑讯逼供罪。 　　另外，刑讯逼供造成重伤的，要转化为故意伤害罪、故意杀人罪。但本案中，丙、丁仅造成了轻伤结果，不属于转化犯。

S2：将结论用"倒置三段论"的方式表达出来。

> 答 案

1. 甲开走他人面包车的行为构成盗窃罪。即使面包车没有上锁，但根据社会的一般观念，该车仍属于他人占有的财物，而非遗失物。因此，甲打破他人占有、建立新的占有，构成盗窃罪。

2. 甲使用暴力压制被害人乙的反抗并取走财物，属于抢劫行为。甲在乙抓住车门不放时依旧加速疾驶，其对乙的重伤结果持间接故意。因此，甲的行为构成抢劫罪，且属于"抢劫致人重伤"。

3. 甲使得儿童脱离家庭和监护人的监管，构成拐骗儿童罪。由于甲没有出卖儿童的故意，商店老板也没有收买儿童的故意，因此，甲不构成拐卖儿童罪。甲的目的在于使得商店老板陷入认识错误进而处分价值 5000 余元的高档烟酒，因此，甲对商店老板构成诈骗罪。

甲在被采取强制措施的情况下供述了公安机关尚未掌握的上述事实，属于特别自首。

4. 丙、丁作为司法工作人员，使用肉刑逼取犯罪嫌疑人甲的供词，二人构成刑讯逼供罪。

集 萃 八

2004 年司考卷四第六题

案情：

甲男与乙男于 2004 年 7 月 28 日共谋入室抢劫某中学暑假留守女教师丙的财物。7 月 30 日晚，乙在该中学校园外望风，甲翻院墙进入校园内。甲持水果刀闯入丙居住的房间后，发现房间内除有简易书桌、单人床、炊具、餐具外，没有其他贵重财物，便以水果刀相威胁，喝令丙摘下手表（价值 2100 元）给自己。丙一边摘手表一边说："我是老师，不能没有手表。你拿走其他东西都可以，只要不抢走我的手表就行。"甲立即将刀装入自己的口袋，然后对丙说："好吧，我不抢你的手表，也不拿走其他东西，让我看看你脱光衣服的样子我就走。"丙不同意，甲又以刀相威胁，逼迫丙脱光衣服，丙一边顺手将已摘下的手表放在桌子上，一边流着泪脱完衣服。甲不顾丙的反抗强行摸了丙的乳房后对丙说："好吧，你可以穿上衣服了。"在丙背对着甲穿衣服时，甲乘机将丙放在桌上的手表拿走。甲逃出校园后与乙碰头，乙问抢了什么东西，甲说就抢了一只手表。甲将手表交给乙出卖，乙以 1000 元价格卖给他人后，甲与乙各分得 500 元。

问题： 请根据刑法规定与刑法原理，对本案进行全面分析。

解答思路

S1：逐段分析案情。

重要事实	结论和理由
甲男与乙男于2004年7月28日共谋入室抢劫某中学暑假留守女教师丙的财物。	[得出结论] 甲、乙二人成立共同犯罪。（放在第一部分） [分析过程] 二人属于"入户抢劫"，加重处罚。（放在第一部分）
7月30日晚，乙在该中学校园外望风，甲翻院墙进入校园内。	[得出结论] 甲是主犯；乙是帮助犯，是从犯。（放在第一部分） [分析过程] 甲入户实行抢劫，是主犯；乙在外面望风，是帮助犯，是从犯。
甲持水果刀闯入丙居住的房间后，发现房间内除有简易书桌、单人床、炊具、餐具外，没有其他贵重财物。	无用信息。 [注意] 不要认为女教师家徒四壁，就不是"户"，"户"的认定和穷富无关。

续表

重要事实	结论和理由
甲便以水果刀相威胁，喝令丙摘下手表（价值2100元）给自己。丙一边摘手表一边说："我是老师，不能没有手表。你拿走其他东西都可以，只要不抢走我的手表就行。"甲立即将刀装入自己的口袋，然后对丙说："好吧，我不抢你的手表，也不拿走其他东西，让我看看你脱光衣服的样子我就走。"	[得出结论] 甲构成抢劫罪，属于犯罪中止（放在第二部分）；乙构成抢劫罪未遂（放在第三部分）。 [分析过程] 甲在实行阶段因为主观原因放弃犯罪，属于犯罪中止；乙因为客观原因未能得逞，属于犯罪未遂。
丙不同意，甲又以刀相威胁，逼迫丙脱光衣服，丙一边顺手将已摘下的手表放在桌子上，一边流着泪脱完衣服。甲不顾丙的反抗强行摸了丙的乳房后对丙说："好吧，你可以穿上衣服了。"	[得出结论] 甲构成强制猥亵罪（放在第二部分）；乙不对甲的强制猥亵负责（放在第三部分）。 [分析过程] 甲的强制猥亵超出了乙的认识，乙对此不负责。
在丙背对着甲穿衣服时，甲乘机将丙放在桌上的手表拿走。	[得出结论] 甲构成盗窃罪（放在第二部分）；乙也构成盗窃罪（放在第三部分）。 [分析过程] 抢劫的故意中包含了盗窃的故意，因此，乙客观上为甲的盗窃行为望风，主观上有为抢劫望风的故意，成立盗窃罪的帮助犯。
甲逃出校园后与乙碰头，乙问抢了什么东西，甲说就抢了一只手表。甲将手表交给乙出卖，乙以1000元价格卖给他人后，甲与乙各分得500元。	[得出结论] 二人销赃的行为不再另行定罪。二人的盗窃数额都是2100元。（放在第二部分和第三部分） [分析过程] 销赃的行为属于"事后不可罚"的行为，不再另行定罪。根据"一人既遂，全部既遂"的原则，二人均对全部数额负责。

S2：将结论用"倒置三段论"的方式表达出来。

> **答 案**

1. 甲和乙共同实施抢劫行为，成立抢劫罪的共同犯罪，且非法侵入他人住宅，属于"入户抢劫"，加重处罚。其中，甲属于主犯；乙属于帮助犯，系从犯，应当从轻、减轻或者免除处罚。（第一部分）

2. 甲试图以胁迫的手段压制丙的反抗进而取得财物，构成抢劫罪，但其在实行阶段主动放弃，属于实行阶段的中止。之后，甲强制侵犯丙的性羞耻心，构成强制猥亵罪。而后，甲又以平和手段打破丙对手表的占有、建立新的占有，构成盗窃罪，数额为2100元。综上所述，甲构成抢劫罪（中止）、强制猥亵罪、盗窃罪，三罪数罪并罚。（第二部分）

3. 乙为甲的抢劫行为提供帮助，但因为客观原因未能得逞，属于抢劫罪（未遂）。甲的强制猥亵行为超出了乙的故意，属于实行过限，乙对此不负责。又因为甲的盗窃行

为没有超出乙为其抢劫望风的故意，所以，乙还构成盗窃罪，与抢劫罪（未遂）从一重罪处罚。（第三部分）

集萃九

2003年司考卷四第一题

案情：

赵某拖欠张某和郭某6000多元的打工报酬一直不付。张某与郭某商定后，将赵某15岁的女儿甲骗到外地扣留，以迫使赵某支付报酬。在此期间（共21天），张某、郭某多次打电话让赵某支付报酬，但赵某仍以种种理由拒不支付。

张某、郭某遂决定将甲卖给他人。在张某外出寻找买主期间，郭某奸淫了甲。

张某找到了买主陈某后，张某、郭某二人以6000元将甲卖给了陈某。陈某欲与甲结为夫妇，遭到甲的拒绝。陈某为防甲逃走，便将甲反锁在房间里一月余。陈某后来觉得甲年纪小、太可怜，便放甲返回家乡。

陈某找到张某要求退回6000元钱。张某拒绝退还，陈某便于深夜将张某的一辆价值4000元的摩托车骑走。

问题： 请根据上述案情，分析张某、郭某、陈某的刑事责任。

解答思路

S1：逐段分析案情。

案 件	重要事实	结论和理由
案件1	张某与郭某商定后，将赵某15岁的女儿甲骗到外地扣留，以迫使赵某支付报酬。	[得出结论] 张某与郭某构成非法拘禁罪。 [分析过程] 张某与郭某为了索要债务控制他人，不具有非法占有目的，构成非法拘禁罪。
案件2	张某、郭某遂决定将甲卖给他人。	[得出结论] 张某与郭某构成拐卖妇女罪。 [分析过程] 不满14岁的才是儿童，因此，赵某15岁的女儿是妇女。另外，选择性罪名既可以完整表述，也可以表述为具体的事项，因此直接写作"张某与郭某构成拐卖妇女罪"即可（或者写作"张某与郭某构成拐卖妇女、儿童罪"）。
案件2	在张某外出寻找买主期间，郭某奸淫了甲。	[得出结论] 郭某属于"拐卖并强奸"，加重处罚；张某不对郭某的强奸行为负责。 [分析过程] 结果加重犯属于高度常见的情况，不属于实行过限（如抢劫致人死亡）；但一般的加重情节（如拐卖之后强奸）无法预见，属于实行过限。因此，郭某在拐卖之后强奸的，属于一般加重情节，张某对此不负责。张某只对拐卖妇女罪的基本情节负责。
案件3	张某、郭某二人以6000元将甲卖给了陈某。陈某欲与甲结为夫妇，遭到甲的拒绝。陈某为防甲逃走，便将甲反锁在房间里一月余。	[得出结论] 陈某收买被拐卖妇女甲之后将其非法拘禁，构成收买被拐卖的妇女、儿童罪和非法拘禁罪，数罪并罚。 [注意] 由于本案中的对象是妇女，"收买被拐卖的妇女、儿童罪"也可以写作"收买被拐卖的妇女罪"。
案件4	陈某便于深夜将张某的一辆价值4000元的摩托车骑走。	[得出结论] 陈某构成盗窃罪。

S2：将结论用"倒置三段论"的方式表达出来。

答 案

1. 张某和郭某非法剥夺他人人身自由之后又出卖，构成非法拘禁罪和拐卖妇女罪，数罪并罚。

2. 张某和郭某共同拐卖妇女，成立拐卖妇女罪的共同犯罪。郭某拐卖之后强奸妇女，属于拐卖妇女罪的加重情节。郭某的强奸行为超出了张某的故意，故对张某只认定为拐卖妇女罪的基本犯。

3. 陈某收买被拐卖的妇女之后剥夺其人身自由，分别构成收买被拐卖的妇女、儿童罪和非法拘禁罪，数罪并罚。

4. 陈某打破张某对摩托车的占有、建立新的占有，构成盗窃罪，数额为4000元。因此，陈某构成收买被拐卖的妇女、儿童罪，非法拘禁罪和盗窃罪，三罪数罪并罚。

集萃十

2002年司考卷四第二题

案情：

2001年3月13日下午，陈某因曾揭发他人违法行为，被两名加害人报复砍伤。陈某逃跑过程中，两加害人仍不罢休，持刀追赶陈某。途中，陈某多次拦车欲乘，均遭出租车司机拒载。当两加害人即将追上时，适逢一中年妇女丁某骑摩托车（价值9000元）缓速行驶，陈某当即哀求丁某将自己带走，但也遭拒绝。眼见两加害人已经逼近，情急之下，陈某一手抓住摩托车，一手将丁某推下摩托车（丁某倒地，但未受伤害），骑车逃走。

陈某骑车至安全地方（离原地约2公里）停歇一会后，才想到摩托车怎么处理。陈某将摩托车尾部工具箱的锁撬开，发现内有现金3000元和一张未到期的定期存单（面额2万元）。陈某顿生贪欲，将3000元现金和存单据为己有，并将摩托车推至山下摔坏。

几日后，陈某使用伪造的身份证在到期之前将存单中的2万元取出。此后逃往外地。

问题： 试分析陈某上述各行为的性质，并说明理由。

解答思路

S1：逐段分析案情。

案　件	重要事实	结论和理由
案件1	当两加害人即将追上时，适逢一中年妇女丁某骑摩托车（价值9000元）缓速行驶，陈某当即哀求丁某将自己带走，但也遭拒绝。眼见两加害人已经逼近，情急之下，陈某一手抓住摩托车，一手将丁某推下摩托车（丁某倒地，但未受伤害），骑车逃走。	[得出结论] 陈某属于紧急避险，无罪。 [分析过程] 紧急避险，是指为了使国家、公共利益、本人或者他人的人身、财产和其他权利免受正在发生的危险，不得已采取的行为。紧急避险在限度上要求"保大损小"。本案中，陈某为了保全自己的人身法益，侵害了丁某对摩托车的占有，属于紧急避险。
案件2	陈某将摩托车尾部工具箱的锁撬开，发现内有现金3000元和一张未到期的定期存单（面额2万元）。陈某顿生贪欲，将3000元现金和存单据为己有。	[得出结论] 陈某构成盗窃罪。
	陈某使用伪造的身份证在到期之前将存单中的2万元取出。	[得出结论] 陈某构成盗窃罪。 [分析过程] 根据司法解释的规定，非法获取他人的存单，盗取他人款物的，应以盗窃罪论处。因此，陈某构成盗窃罪，数额与3000元现金累计计算。
案件3	（陈某）将摩托车推至山下摔坏。	[得出结论] 陈某构成故意毁坏财物罪。

S2：将结论用"倒置三段论"的方式表达出来。

答　案

1. 陈某将丁某推下摩托车然后骑车逃走的行为属于紧急避险。陈某为了使本人的人身权利免受正在发生的危险，不得已给丁某造成损害，且其所保护的利益大于损害的利益，因此，陈某将丁某推下摩托车然后骑车逃走的行为属于紧急避险。

2. 陈某打破他人对工具箱内财物的占有、建立新的占有，将丁某的 3000 元现金和存单据为己有，并且取出存单中的 2 万元。根据司法解释的规定，非法获取他人的存单，盗取他人款物的，应以盗窃罪论处。因此，陈某构成盗窃罪，数额与 3000 元现金累计计算。

3. 陈某将摩托车故意推下山崖的行为使得财物的效用丧失，构成故意毁坏财物罪。

专题二 "分别设问"型

集萃十一
2023年法考主观卷回忆题

案情：

迟某谎称自己被银行拉黑，无法申请银行卡，请求陈某将其银行卡卖给自己。陈某猜到迟某应该是想实施电信诈骗，但仍将银行卡卖给迟某。后迟某果然使用该银行卡实施了电信诈骗犯罪。（事实一）

不久，陈某的手机收到短信，发现自己的银行卡里多了30万元，怀疑是迟某电信诈骗所得，于是到银行柜台，骗柜台工作人员自己银行卡丢失，重新办理了一张银行卡，并在柜台上取出了30万元现金，事后发现该30万元确系迟某通过电信诈骗所得。（事实二）

案发后，陈某被公安机关逮捕，陈某的母亲洪某为使陈某不被处罚，向财政局局长吴某表示，如果能够帮助陈某解除强制措施，事后给他100万元作为答谢。吴某请公安局副局长覃某帮忙，覃某猜测吴某收受了洪某的财产，但是迫于压力还是帮忙办理，以陈某当时并不知情为由，撤销了对陈某的立案，解除了强制措施。事后，洪某给了吴某一张存有100万元，以洪某名义办理的银行卡，吴某收下。后吴某在商场消费了40万元。吴某认为持有洪某名义的银行卡不安全，于是将银行卡退给洪某。几日后，洪某觉得找人帮忙，答谢得太少，于是另外送了60万元现金给吴某。（事实三）

覃某因被人举报，被公安依法调查。调查过程中，覃某承认了自己违法解除陈某强制措施的事实，同时，覃某为了立功，认为吴某一定收受了钱款，于是向检察机关检举。检察机关表示，覃某的检举没有证据，如果经查不属实，要追究诬告陷害的责任，覃某表示虽然没有实质证据，但是愿意对检举的行为负责。后来，检察机关将线索移交给监察机关。监察机关在立案前电话通知吴某到指定地点问话。吴某对收受洪某财物的行为如实供述，但坚称只收受了100万元。（事实四）

问题：

1. 关于事实一，根据刑法理论，陈某的行为如何认定？至少展现三种观点。
2. 关于事实二，根据刑法理论，陈某的行为如何认定？至少展现三种观点。

3. 关于事实三,请分析洪某、吴某、覃某构成什么罪,数额分别是多少?
4. 关于事实四,请分析覃某和吴某的行为性质以及量刑情况。

解答思路

S1:逐问分析案情。

问 题	关键事实	结论和理由	
1. 关于事实一,根据刑法理论,陈某的行为如何认定?至少展现三种观点。	迟某谎称自己被银行拉黑,无法申请银行卡,请求陈某将其银行卡卖给自己。陈某猜到迟某应该是想实施电信诈骗,但仍将银行卡卖给迟某。后迟某果然使用该银行卡实施了电信诈骗犯罪。	观点1:帮助信息网络犯罪活动罪	只构成独立的一罪。
		观点2:帮助信息网络犯罪活动罪与诈骗罪(帮助犯),从一重罪处罚	一行为构成两罪名,从一重罪处罚。
		观点3:无罪	缺乏帮助犯罪的故意。

续表

问题	关键事实	结论和理由	
2. 关于事实二，根据刑法理论，陈某的行为如何认定？至少展现三种观点。	不久，陈某的手机收到短信，发现自己的银行卡里多了30万元，怀疑是迟某电信诈骗所得，于是到银行柜台，骗柜台工作人员自己银行卡丢失，重新办理了一张银行卡，并在柜台上取出了30万元现金，事后发现该30万元确系迟某通过电信诈骗所得。	观点1：侵占罪	陈某将"自己占有"的财物据为己有。
		观点2：信用卡诈骗罪	陈某属于三角诈骗，取得了迟某占有的财物。
		观点3：盗窃罪	陈某打破他人占有、建立新的占有。
3. 关于事实三，请分析洪某、吴某、覃某构成什么罪，数额分别是多少？	案发后，陈某被公安机关逮捕，陈某的母亲洪某为使陈某不被处罚，向财政局局长吴某表示，如果能够帮助陈某解除强制措施，事后给他100万元作为答谢。吴某请公安局副局长覃某帮忙，覃某猜测吴某收受了洪某的财产，但是迫于压力还是帮忙办理，以陈某当时并不知情为由，撤销了对陈某的立案，解除了强制措施。事后，洪某给了吴某一张存有100万元、以洪某名义办理的银行卡，吴某收下。后吴某在商场消费了40万元。吴某认为持有洪某名义的银行卡不安全，于是将银行卡退给洪某。几日后，洪某觉得找人帮忙，答谢得太少，于是另外送了60万元现金给吴某。	[得出结论]洪某构成行贿罪，数额为160万元；吴某属于斡旋受贿，数额为160万元；覃某构成徇私枉法罪。 [分析过程]洪某给予国家工作人员财物，构成行贿罪；吴某作为国家工作人员，收受他人财物，通过其他国家工作人员行使职权，属于斡旋受贿；覃某构成徇私枉法罪。洪某、吴某的犯罪数额按照两笔相加计算。	
4. 关于事实四，请分析覃某和吴某的行为性质以及量刑情况。	覃某因被人举报，被公安依法调查。调查过程中，覃某承认了自己违法解除陈某强制措施的事实，同时，覃某为了立功，认为吴某一定收受了钱款，于是向检察机关举报。检察机关表示，覃某的检举没有证据，如果经查不属实，要追究诬告陷害的责任，覃某表示虽然没有实质证据，但是愿意对检举的行为负责。后来，检察机关将线索移交给监察机关。监察机关在立案前电话通知吴某到指定地点问话。吴某对收受洪某财物的行为如实供述，但坚称只收受了100万元。	[得出结论]覃某属于坦白和立功；吴某属于一般自首。 [分析过程]覃某被控制之后交代已知犯罪事实，属于坦白；同时，覃某交代他人犯罪事实，属于立功。吴某主动投案、交代犯罪事实，属于一般自首。	

S2：将结论用"倒置三段论"的方式表达出来。

答 案

1. 对于本案存在不同观点：

观点1：可以认为陈某明知迟某实施电信诈骗，而为其提供银行卡，帮助其实施电信诈骗行为，由于刑法对此行为进行了独立、专门的规定，因此构成帮助信息网络犯罪活动罪一罪即可；

观点2：可以认为陈某明知迟某实施电信诈骗，而为其提供银行卡，帮助其实施电信诈骗行为，既构成帮助信息网络犯罪活动罪，又构成诈骗罪的帮助犯，想象竞合，择一重罪论处；

观点3：陈某仅仅是"猜到"而非明知迟某应该是想实施电信诈骗，还不能认为其具有电信诈骗帮助的故意，此时应以无罪处理。

2. 对于本案存在不同观点：

观点1：陈某构成侵占罪。如果认为陈某是卡内现金的占有人，则陈某将他人财物变占有为所有，构成侵占罪。

观点2：陈某构成信用卡诈骗罪。如果认为卡内的非法财产由迟某占有，则陈某通过欺骗他人的方式取得迟某的财物，构成信用卡诈骗罪。

观点3：陈某构成盗窃罪。陈某打破他人对财物的占有、建立新的占有，构成盗窃罪。

3.（1）洪某：洪某为谋取不正当利益，给予国家工作人员即财政局局长吴某以财物，构成行贿罪。洪某第一次给付财物100万元，第二次给付财物60万元，因此犯罪金额为160万元。

（2）吴某：作为国家工作人员的财政局局长吴某，利用自己的职权或者地位形成的便利条件，收受洪某财物，构成受贿罪，系斡旋受贿。虽然吴某第一次收受财物100万元，退还60万元，第二次收受财物60万元，但犯罪金额仍为160万元。

（3）覃某：作为国家机关工作人员的公安局副局长覃某，虽然猜测到财政局局长吴某收受了他人财物，但是对于吴某获得财物并不具有共同故意和共同行为，因此不构成受贿罪。覃某明知陈某系有罪之人仍滥用职权，以陈某当时并不知情为由，不追究陈某的刑事责任，构成徇私枉法罪的实行犯，吴某系教唆犯。

4.（1）覃某在调查过程中，承认了自己违法解除陈某强制措施的事实，属于针对徇私枉法罪的坦白。覃某检举揭发吴某受贿罪的犯罪事实，属于检举、揭发他人的犯罪行为，属于立功。

（2）吴某在监察机关立案前主动到指定地点接受问话，属于自动投案。其如实供述收受洪某财物的行为，虽然坚称只收受了100万元，但仍属于一般自首。

集萃十二

2018 年法考主观卷回忆题

案情：

王某组织某黑社会性质组织，刘某、林某、丁某积极参加。一日，王某、刘某在某酒店就餐，消费3000元。在王某结账时，收银员吴某偷偷调整了POS机上的数额，故意将3000元餐费改成30 000元，交给王某结账。王某果然认错，支付了30 000元。（事实一）

王某发现多付了钱以后，与刘某去找吴某还钱，吴某拒不返还。王某、刘某恼羞成怒，准备劫持吴某让其还钱。在捆绑吴某过程中，不慎将吴某摔成重伤，因为担心酒店其他人员报警，故放弃挟持，离开酒店。（事实二）

在王某和刘某走出酒店时，在门口被武某等四名保安拦截。王某遂让刘某打电话叫人过来帮忙，刘某给林某、丁某打电话，并私下叫二人带枪过来，林某二人将枪支藏在衣服里，来到酒店门口护送王某上私家车。武某等人见状遂让四人离开。王某上车时气不过，让刘某"好好教训这个保安"，随即开车离开。刘某随即让林某、丁某二人开枪。武某中弹身亡。事后查明，林某朝武某腿部开枪，丁某朝武某腹部开枪，其中有一颗子弹击中武某心脏，导致其死亡，但无法查明击中心脏的这颗子弹是谁射击的。（事实三）

问题：

1. 事实一中，关于吴某的行为定性，有几种处理意见？须说明理由。
2. 事实二中，王某、刘某对吴某构成何罪？须说明理由。
3. 事实三中，王某、刘某、林某、丁某对武某的死亡构成何罪？须说明理由。

解答思路

S1：逐问分析案情。

问　　题	关键事实	结论和理由
1. 事实一中，关于吴某的行为定性，有几种处理意见？须说明理由。	王某组织某黑社会性质组织，刘某、林某、丁某积极参加。	[得出结论] 王某构成组织黑社会性质组织罪；刘某、林某、丁某构成参加黑社会性质组织罪。
	一日，王某、刘某在某酒店就餐，消费3000元。在王某结账时，收银员吴某偷偷调整了POS机上的数额，故意将3000元餐费改成30 000元，交给王某结账。王某果然认错，支付了30 000元。	[得出结论] 吴某构成盗窃罪或者诈骗罪。 [分析过程] 关于处分意思，有两种观点：抽象处分说和具体处分说。抽象处分说认为，被害人只要认识到物品的标的、种类，就可以认定为处分；具体处分说认为，被害人不仅需要认识到物品的具体标的、种类，还要认识到数量，才能认定为处分。本案中，如果采用抽象处分说，被害人王某有处分意思，吴某构成诈骗罪；如果采用具体处分说，被害人王某没有处分意思，吴某构成盗窃罪。

续表

问　　题	关键事实	结论和理由
2. 事实二中，王某、刘某对吴某构成何罪？须说明理由。	王某发现多付了钱以后，与刘某去找吴某还钱，吴某拒不返还。王某、刘某恼羞成怒，准备劫持吴某让其还钱。	[得出结论] 王某、刘某构成非法拘禁罪。 [分析过程] 为索取债务非法扣押、拘禁他人的，依照非法拘禁罪的规定处罚，不构成绑架罪或者抢劫罪。 [注意] 在实践中，构成非法拘禁罪，需要拘禁被害人达到一定的时间标准。但法考中不考虑时间的要素，有拘禁的行为就可以构成非法拘禁罪。
	在捆绑吴某过程中，不慎将吴某摔成重伤，因为担心酒店其他人员报警，故放弃挟持，离开酒店。	[得出结论] 王某、刘某属于非法拘禁致人重伤。 [分析过程] 拘禁行为本身导致他人重伤的，属于非法拘禁罪的结果加重犯。所谓"拘禁行为本身"，是指为了拘禁而采取的措施，捆绑过程中导致重伤的就属于这种情况。
3. 事实三中，王某、刘某、林某、丁某对武某的死亡构成何罪？须说明理由。	在王某和刘某走出酒店时，在门口被武某等四名保安拦截。王某遂让刘某打电话叫人过来帮忙，刘某给林某、丁某打电话，并私下叫二人带枪过来。	[得出结论] 王某、刘某、林某、丁某成立故意伤害罪的共同犯罪。 [分析过程] 四人的关系是：王某→（教唆）→刘某→（教唆）→林某、丁某
	林某二人将枪支藏在衣服里，来到酒店门口护送王某上私家车。武某等人见状遂让四人离开。王某上车时气不过，让刘某"好好教训这个保安"，随即开车离开。	[得出结论] 王某有伤害的故意。 [分析过程] "教训一下"如果没有特别交代，推定行为人具有伤害的故意。
	刘某随即让林某、丁某二人开枪。	[得出结论] 刘某有杀人的故意。 [分析过程] 让他人开枪射击，推定行为人具有杀人的故意。

续表

问　　题	关键事实	结论和理由
3. 事实三中，王某、刘某、林某、丁某对武某的死亡构成何罪？须说明理由。	武某中弹身亡。事后查明，林某朝武某腿部开枪，丁某朝武某腹部开枪，其中有一颗子弹击中武某心脏，导致其死亡，但无法查明击中心脏的这颗子弹是谁射击的。	[得出结论] 林某构成故意伤害致人死亡；丁某构成故意杀人罪（既遂）。 [分析过程] 林某朝武某腿部开枪，具有伤害的故意；丁某朝武某腹部开枪，具有杀人的故意。二人成立共同犯罪，无论能否查清，二人均对武某的死亡结果负责，分别构成故意伤害致人死亡和故意杀人罪（既遂）。

S2：将结论用"倒置三段论"的方式表达出来。

答案

1. 王某组织黑社会性质组织，构成组织黑社会性质组织罪；刘某、林某、丁某参加黑社会性质组织，构成参加黑社会性质组织罪。

关于吴某偷偷调整了POS机数额的行为的处理，有两种观点：

观点1：如果认为处分意思只需要认识到标的，则被害人王某有处分意思，行为人吴某欺骗他人、取得财物，构成诈骗罪；

观点2：如果认为处分意思需要认识到标的和数量，则被害人王某无处分意思，行为人吴某打破他人占有、建立新的占有，构成盗窃罪。

2. 王某和刘某为了索要合法债务，没有非法占有目的，只构成非法拘禁罪，且在非法拘禁的过程中因为拘禁行为本身导致他人重伤，属于非法拘禁致人重伤，加重处罚。

3. （1）林某和丁某在故意伤害罪的范围内成立共同犯罪，因此无论能否查明谁击中心脏导致被害人死亡，二人均对被害人的死亡结果负责。其中，林某有伤害的故意，构成故意伤害致人死亡；丁某有杀人的故意，构成故意杀人罪（既遂）。

（2）刘某引起林某、丁某的犯罪故意，是教唆犯，其对被害人的死亡结果有预见可能性，构成故意杀人罪（既遂）。

（3）王某引起刘某的犯罪故意，是教唆犯，其对被害人的死亡结果有预见可能性，构成故意伤害致人死亡。

集萃十三

2016年司考卷四第二题

案情：

赵某与钱某原本是好友，赵某受钱某之托，为钱某保管一幅名画（价值800万元）达 3 年之久。某日，钱某来赵某家取画时，赵某要求钱某支付 10 万元保管费，钱某不同意。赵某突然起了杀意，为使名画不被钱某取回进而据为己有，用花瓶猛砸钱某的头部，钱某头部受重伤后昏倒，不省人事，赵某以为钱某已经死亡。刚好此时，赵某的朋友孙某来访。赵某向孙某说"我摊上大事了"，要求孙某和自己一起将钱某的尸体埋在野外，孙某同意。

二人一起将钱某抬至汽车的后座，由赵某开车，孙某坐在钱某身边。开车期间，赵某不断地说"真不该一时冲动"，"悔之晚矣"。其间，孙某感觉钱某身体动了一下，仔细察看，发现钱某并没有死。但是，孙某未将此事告诉赵某。到野外后，赵某一人挖坑并将钱某埋入地下（致钱某窒息身亡），孙某一直站在旁边没做什么，只是反复催促赵某动作快一点。

1 个月后，孙某对赵某说："你做了一件对不起朋友的事，我也做一件对不起朋友的事。你将那幅名画给我，否则向公安机关揭发你的杀人罪行。" 3 日后，赵某将一幅赝品（价值 8000 元）交给孙某。孙某误以为是真品，以 600 万元的价格卖给李某。李某发现自己购买了赝品，向公安机关告发孙某，导致案发。

问题：

1. 关于赵某杀害钱某以便将名画据为己有这一事实，可能存在哪几种处理意见？各自的理由是什么？

2. 关于赵某以为钱某已经死亡，为毁灭罪证而将钱某活埋导致其窒息死亡这一事实，可能存在哪几种主要处理意见？各自的理由是什么？

3. 孙某对钱某的死亡构成何罪？（说明理由）是成立间接正犯还是成立帮助犯（从犯）？

4. 孙某向赵某索要名画的行为构成何罪？（说明理由）关于法定刑的适用与犯罪形态的认定，可能存在哪几种观点？

5. 孙某将赝品出卖给李某的行为是否构成犯罪？为什么？

解答思路

S1：逐问分析案情。

问　　题	关键事实	结论和理由
1. 关于赵某杀害钱某以便将名画据为己有这一事实，可能存在哪几种处理意见？各自的理由是什么？	○ 赵某突然起了杀意，为使名画不被钱某取回进而据为己有，用花瓶猛砸钱某的头部，钱某头部受重伤后昏倒，不省人事，赵某以为钱某已经死亡。 ○ 赵某一人挖坑并将钱某埋入地下（致钱某窒息身亡）。	[得出结论] 赵某可能构成抢劫罪一罪；也可能构成故意杀人罪与侵占罪，数罪并罚。 [分析过程] 赵某为了不归还自己保管的名画而杀死名画的主人，他的行为有哪两种观点？ 　　本案存在两笔损害："人死了"与"画归我了"。如果合二为一，就评价为抢劫致人死亡；如果分开评价，就是故意杀人罪+侵占罪，数罪并罚。 [注意] 本问只探讨罪名，不要被事前故意干扰。事前故意属于事实认识错误，事实认识错误只会影响既遂、未遂的问题，一般不影响定罪。

续表

问　　题	关键事实	结论和理由
2. 关于赵某以为钱某已经死亡，为毁灭罪证而将钱某活埋导致其窒息死亡这一事实，可能存在哪几种主要处理意见？各自的理由是什么？	⊙赵某以为钱某已经死亡。 ⊙（赵某）要求孙某和自己一起将钱某的尸体埋在野外。 ⊙赵某一人挖坑并将钱某埋入地下（致钱某窒息身亡）。	[得出结论] 赵某属于事前故意，对此有两种观点： 　观点1：既遂； 　观点2：未遂+过失。 [分析过程] 如果将赵某的前后行为视为整体，赵某构成故意杀人既遂；如果将赵某的行为拆分来看，赵某构成故意杀人未遂与过失致人死亡罪，数罪并罚。
3. 孙某对钱某的死亡构成何罪？（说明理由）是成立间接正犯还是成立帮助犯（从犯）？	⊙赵某以为钱某已经死亡。刚好此时，赵某的朋友孙某来访。赵某向孙某说"我摊上大事了"，要求孙某和自己一起将钱某的尸体埋在野外，孙某同意。 ⊙孙某感觉钱某身体动了一下，仔细察看，发现钱某并没有死。但是，孙某未将此事告诉赵某。 ⊙孙某一直站在旁边没做什么，只是反复催促赵某动作快一点。	[得出结论] 孙某根据赵某的定性也有两种观点： 　观点1：如果赵某属于既遂，那么孙某成立帮助犯； 　观点2：如果赵某属于未遂+过失，那么孙某成立间接正犯。 [分析过程] 如果将赵某的前后行为视为整体，赵某构成故意杀人既遂，孙某在中途强化了赵某的犯意，属于帮助犯；如果将赵某的行为拆分来看，赵某构成故意杀人未遂与过失致人死亡罪，数罪并罚，孙某在后半段加入，利用了不知情的赵某的"埋尸"行为导致他人死亡，属于故意杀人罪的间接正犯。
4. 孙某向赵某索要名画的行为构成何罪？（说明理由）关于法定刑的适用与犯罪形态的认定，可能存在哪几种观点？	⊙（赵某）为钱某保管一幅名画（价值800万元）。 ⊙孙某对赵某说："你做了一件对不起朋友的事，我也做一件对不起朋友的事。你将那幅名画给我，否则向公安机关揭发你的杀人罪行。" ⊙赵某将一幅赝品（价值8000元）交给孙某。	[得出结论] 孙某想敲诈勒索800万元，只得到价值8000元的财物。他的行为属于"求大得小"，对此有两种观点： 　观点1：大数额的未遂； 　观点2：小数额的既遂。

续表

问 题	关键事实	结论和理由
5. 孙某将赝品出卖给李某的行为是否构成犯罪？为什么？	⊙赵某将一幅赝品（价值8000元）交给孙某。孙某误以为是真品，以600万元的价格卖给李某。	[得出结论] 孙某不知道是假画，没有诈骗的故意，当然不构成诈骗罪。 [分析过程] 成立故意犯罪，需要认识到所有的客观要素，即"一一对应"。如果行为人没有认识到是赝品而出售，缺乏诈骗的故意，不构成诈骗罪。

S2：将结论用"倒置三段论"的方式表达出来。

答 案

1. 关于赵某杀害钱某以便将名画据为己有这一事实，存在两种观点：

观点1：如果认为财产性利益不能成为抢劫的对象，则赵某剥夺他人生命，构成故意杀人罪；将名画变占有为所有，构成侵占罪，数罪并罚。

观点2：如果认为财产性利益可以成为抢劫的对象，则赵某杀害钱某，使得钱某对名画的返还请求权这一财产性利益归于消灭，属于抢劫致人死亡。

2. 赵某以为钱某已经死亡，为毁灭罪证而将钱某活埋导致其窒息死亡，属于事前故意。对此存在两种观点：

观点1：赵某有杀害钱某的故意，且导致钱某死亡，构成故意杀人罪既遂。

观点2：赵某有用花瓶击杀钱某的故意，但未以此法得逞，属于故意杀人罪（未遂）；之后"埋尸"的行为构成过失致人死亡罪，与故意杀人罪（未遂）数罪并罚。

如果行为人属于抢劫致人死亡，同理。

3. 孙某的行为性质取决于上文中对赵某的定性：

根据上一题观点1，如果认为赵某构成故意杀人罪既遂，则孙某在此过程中强化了赵某的犯意，属于故意杀人罪的帮助犯。

根据上一题观点2，如果认为赵某构成故意杀人罪（未遂）与过失致人死亡罪，则孙某利用了赵某不知情的"埋尸"行为导致了钱某的死亡结果，属于故意杀人罪的间接正犯。

4. 孙某以恶害相通告，使得对方陷入恐惧处分财物，构成敲诈勒索罪。对于犯罪形态的认定存在两种观点：

观点1：孙某主观上有敲诈勒索800万元的故意，但未得逞，因此按照800万元适用"数额特别巨大"的法定刑，同时适用未遂犯的规定；

观点2：由于孙某客观上的犯罪所得只有8000元，因此按8000元适用"数额较大"的法定刑，认定为犯罪既遂。

5. 孙某以为出卖的是名画真品，不具有诈骗故意，因此，孙某出卖赝品的行为不构成诈骗罪。

集萃十四

2013年司考卷四第二题

案情：

甲与余某有一面之交，知其孤身一人。某日凌晨，甲携匕首到余某家盗窃，物色一段时间后，未发现可盗财物。此时，熟睡中的余某偶然大动作翻身，且口中念念有词。甲怕被余某认出，用匕首刺死余某，仓皇逃离。（事实一）

逃跑中，因身上有血迹，甲被便衣警察程某盘查。程某上前拽住甲的衣领，试图将其带走。甲怀疑遇上劫匪，与程某扭打。甲的朋友乙开黑车经过此地，见状停车，和甲一起殴打程某。程某边退边说："你们不要乱来，我是警察。"甲对乙说："别听他的，假警察该打。"程某被打倒摔成轻伤。（事实二）

司机谢某见甲、乙打人后驾车逃离，对乙车紧追。甲让乙提高车速并走"蛇形"，以防谢某超车。汽车开出2公里后，乙慌乱中操作不当，车辆失控撞向路中间的水泥隔离墩。谢某刹车不及撞上乙车受重伤。赶来的警察将甲、乙抓获。（事实三）

在甲、乙被起诉后，甲父丙为使甲获得轻判，四处托人，得知丁的表兄刘某是法院刑庭庭长，遂托丁将15万元转交刘某。丁给刘某送15万元时，遭到刘某坚决拒绝。（事实四）

丁告知丙事情办不成，但仅退还丙5万元，其余10万元用于自己炒股。在甲被定罪判刑后，无论丙如何要求，丁均拒绝退还余款10万元。丙向法院自诉丁犯有侵占罪。（事实五）

问题：

1. 就事实一，对甲的行为应当如何定性？理由是什么？
2. 就事实二，对甲、乙的行为应当如何定性？理由是什么？
3. 就事实三，甲、乙是否应当对谢某重伤的结果负责？理由是什么？
4. 就事实四，丁是否构成介绍贿赂罪？是否构成行贿罪（共犯）？是否构成利用影响力受贿罪？理由分别是什么？
5. 就事实五，有人认为丁构成侵占罪，有人认为丁不构成侵占罪。你赞成哪一观点？具体理由是什么？

解答思路

S1：逐问分析案情。

问　题	关键事实	结论和理由
1. 就事实一，对甲的行为应当如何定性？理由是什么？	甲与余某有一面之交，知其孤身一人。某日凌晨，甲携匕首到余某家盗窃，物色一段时间后，未发现可盗财物。此时，熟睡中的余某偶然大动作翻身，且口中念念有词。甲怕被余某认出，用匕首刺死余某，仓皇逃离。	[得出结论] 甲构成盗窃罪和故意杀人罪，数罪并罚。 [分析过程] 转化抢劫是否需要存在真实的抓捕，有不同的观点。通说认为，转化抢劫中的"抗拒抓捕"以存在真实的抓捕为前提。本案中，由于不存在真实的抓捕，因此，甲不属于转化抢劫，只能按照原则，数罪并罚。 （当然，这题如果回答另一种观点，认为转化为抢劫，也可得部分分数）

续表

问题	关键事实	结论和理由
2. 就事实二，对甲、乙的行为应当如何定性？理由是什么？	逃跑中，因身上有血迹，甲被便衣警察程某盘查。程某上前拽住甲的衣领，试图将其带走。甲怀疑遇上劫匪，与程某扭打。甲的朋友乙开黑车经过此地，见状停车，和甲一起殴打程某。程某边退边说："你们不要乱来，我是警察。"甲对乙说："别听他的，假警察该打。"程某被打倒摔成轻伤。	[得出结论] 甲、乙无罪。 [分析过程] 甲、乙以为程某是劫匪而进行"防卫"，属于假想防卫，不构成故意犯罪，属于过失致人轻伤，不构成犯罪。 [注意] 甲、乙无罪不是因为本案属于意外事件。意外事件是指没有过失，本案中，甲、乙存在过失，只是因为"过失致人轻伤"没有被刑法规定为犯罪，甲、乙才能以无罪处理。
3. 就事实三，甲、乙是否应当对谢某重伤的结果负责？理由是什么？	司机谢某见甲、乙打人后驾车逃离，对乙车紧追。甲让乙提高车速并走"蛇形"，以防谢某超车。汽车开出2公里后，乙慌乱中操作不当，车辆失控撞向路中间的水泥隔离墩。谢某刹车不及撞上乙车受重伤。赶来的警察将甲、乙抓获。	[得出结论] 不负责。 [分析过程] 谢某看到甲、乙走"蛇形"依旧追击，属于自陷风险，甲、乙不对谢某的重伤结果负责。
4. 就事实四，丁是否构成介绍贿赂罪？是否构成行贿罪（共犯）？是否构成利用影响力受贿罪？理由分别是什么？	在甲、乙被起诉后，甲父丙为使甲获得轻判，四处托人，得知丁的表兄刘某是法院刑庭庭长，遂托丁将15万元转交刘某。丁给刘某送15万元时，遭到刘某坚决拒绝。	[得出结论] 丁成立行贿罪的帮助犯。 [分析过程] 丁为丙给予国家工作人员财物提供帮助，是行贿罪的帮助犯。利用影响力受贿需要"通过"国家工作人员的职务行为，为请托人谋取不正当利益。所谓"通过"，是指"就事论事"，即让对方办事，但没有跟对方说自己收了钱。本案中，由于是"转交"关系，刘某知道丁收钱的事实，因此，丁不构成利用影响力受贿罪。介绍贿赂罪是兜底罪名，构成其他罪的，就不认定为介绍贿赂罪。所以，丁只构成行贿罪的帮助犯。

问题	关键事实	结论和理由
5.就事实五，有人认为丁构成侵占罪，有人认为丁不构成侵占罪。你赞成哪一观点？具体理由是什么？	丁告知丙事情办不成，但仅退还丙5万元，其余10万元用于自己炒股。在甲被定罪判刑后，无论丙如何要求，丁均拒绝退还余款10万元。丙向法院自诉丁犯有侵占罪。	[得出结论] 对丁将贿款私吞的行为存在两种观点： 观点1：如果认为贿款受到刑法保护，丁构成侵占罪； 观点2：如果认为贿款不受刑法保护，那就没有人的财产权益受到损失，丁不构成侵占罪这一财产犯罪。

S2：将结论用"倒置三段论"的方式表达出来。

答案

1. 甲构成盗窃罪与故意杀人罪，数罪并罚。

甲企图打破对方占有、建立新的占有，构成盗窃罪，且属于"入户盗窃""携带凶器盗窃"，但是在实行阶段因为客观原因未能得逞，属于犯罪未遂；之后，甲非法剥夺他人生命，构成故意杀人罪，与盗窃罪数罪并罚。

（或者回答：甲入户盗窃，之后为了抗拒抓捕使用暴力，转化为抢劫罪，且属于"入户抢劫""抢劫致人死亡"，加重处罚）

2. 甲、乙不构成犯罪。

甲、乙二人误以为存在不法侵害进行"防卫"的，属于假想防卫，存在一定过失，但由于过失致人轻伤不构成犯罪，因此，甲、乙二人无罪。

3. 甲、乙不对谢某的重伤结果负责。

谢某明知前方车辆"蛇形"驾驶仍然追击，属于自陷风险，系异常介入因素，切断了行为与重伤结果之间的因果关系，因此，甲、乙不对谢某的重伤结果负责。

4. 丁构成行贿罪的帮助犯。

丁没有自己收受他人财物的意思，也没有通过国家工作人员为他人谋取不正当利益，不构成利用影响力受贿罪。丁为丙给予国家工作人员财物的行为提供帮助，属于行贿罪的帮助犯。丁已构成行贿罪的帮助犯，不再构成介绍贿赂罪。

5. 我认为丁构成侵占罪。因为虽然贿款是非法财物，但仍然受到刑法保护，否则会导致"黑吃黑"的案件无法受刑法调整。

（或者回答：我认为丁不构成侵占罪。因为贿款不受刑法保护，丙对贿款也不具有原物返还请求权。本案中，由于不存在财产犯罪的被害人，因此，丁不构成侵占罪。）

集萃十五

2012年司考卷四第二题

案情：

镇长黄某负责某重点工程项目占地前期的拆迁和评估工作。黄某和村民李某勾结，由李某出面向某村租赁可能被占用的荒山20亩植树，以骗取补偿款。但村长不同意出租荒山。黄某打电话给村长施压，并安排李某给村长送去1万元现金后，村长才同意签订租赁合同。李某出资1万元购买小树苗5000棵，雇人种在荒山上。

副县长赵某带队开展拆迁、评估工作的验收。李某给赵某的父亲（原县民政局局长，已退休）送去1万元现金，请其帮忙说话。赵某得知父亲收钱后答应关照李某，令人将邻近山坡的树苗都算到李某名下。

后李某获得补偿款50万元，分给黄某30万元。黄某认为自己应分得40万元，二人发生争执，李某无奈又给黄某10万元。

李某非常恼火，回家与妻子陈某诉说。陈某说："这种人太贪心，咱可把钱偷回来。"李某深夜到黄某家伺机作案，但未能发现机会，便将黄某的汽车玻璃（价值1万元）砸坏。

黄某认定是李某作案，决意报复李某，深夜对其租赁的山坡放火（李某住在山坡上）。

树苗刚起火时，被路过的村民邢某发现。邢某明知法律规定发现火情时，任何人都有报警的义务，但因与李某素有矛盾，便悄然离去。

大火烧毁山坡上的全部树苗，烧伤了李某，并延烧至村民范某家。范某被火势惊醒逃至屋外，想起卧室有5000元现金，即返身取钱，被烧断的房梁砸死。

问题：

1. 对村长收受黄某、李某现金1万元一节，应如何定罪？为什么？
2. 对赵某父亲收受1万元一节，对赵某父亲及赵某应如何定罪？为什么？
3. 对黄某、李某取得补偿款的行为，应如何定性？二人的犯罪数额应如何认定？
4. 对陈某让李某盗窃及汽车玻璃被砸坏一节，对二人应如何定罪？为什么？
5. 村民邢某是否构成不作为的放火罪？为什么？
6. 如认定黄某放火与范某被砸死之间存在因果关系，可能有哪些理由？如否定黄某放火与范某被砸死之间存在因果关系，可能有哪些理由？（两问均须作答）

解答思路

S1：逐问分析案情。

问　　题	关键事实	结论和理由
1. 对村长收受黄某、李某现金 1 万元一节，应如何定罪？为什么？	○黄某打电话给村长施压，并安排李某给村长送去 1 万元现金。	[得出结论] 村长构成非国家工作人员受贿罪；黄某和李某构成对非国家工作人员行贿罪。 [分析过程] 在一般情况下，村长不是国家工作人员。根据立法解释的规定，村民委员会等村基层组织人员只有在协助政府从事行政管理工作时，才属于国家工作人员（"协助"型国家工作人员）。因此，村长构成非国家工作人员受贿罪；黄某和李某构成对非国家工作人员行贿罪。

续表

问　　题	关键事实	结论和理由
2. 对赵某父亲收受1万元一节，对赵某父亲及赵某应如何定罪？为什么？	⊙李某给赵某的父亲（原县民政局局长，已退休）送去1万元现金，请其帮忙说话。赵某得知父亲收钱后答应关照李某，令人将邻近山坡的树苗都算到李某名下。	[得出结论] 赵某父亲构成行贿罪的帮助犯和受贿罪的帮助犯，从一重罪处罚。 [分析过程] 利用影响力受贿罪需要"通过"国家工作人员办事。所谓"通过"，是指"就事论事"，即让对方办事，但没有跟对方说自己收了钱。如果办事者知道收钱的事实，则不可能构成利用影响力受贿罪。本案中，赵某已经知道其父收钱的事实，因此，赵某父亲不构成利用影响力受贿罪。 　　赵某在知道父亲收受财物的情况下办事，构成受贿罪；赵某的父亲帮助他人（李某）行贿，同时帮助他人（赵某）受贿，构成行贿罪的帮助犯和受贿罪的帮助犯，从一重罪处罚。
3. 对黄某、李某取得补偿款的行为，应如何定性？二人的犯罪数额应如何认定？	⊙镇长黄某负责某重点工程项目占地前期的拆迁和评估工作。 ⊙后李某获得补偿款50万元，分给黄某30万元。黄某认为自己应分得40万元，二人发生争执，李某无奈又给黄某10万元。	[得出结论] 黄某和李某成立贪污罪的共同犯罪，均对50万元负责。 [分析过程] 镇长具有国家工作人员的身份。本案中，镇长黄某勾结他人将自己管控的财物据为己有，构成贪污罪。李某不具有国家工作人员的身份，成立贪污罪的帮助犯。根据"部分实行、全部责任"的共同犯罪原理，二人均对全部数额50万元负责。
4. 对陈某让李某盗窃及汽车玻璃被砸坏一节，对二人应如何定罪？为什么？	⊙陈某说："这种人太贪心，咱可把钱偷回来。"李某深夜到黄某家伺机作案，但未能发现机会，便将黄某的汽车玻璃（价值1万元）砸坏。	[得出结论] 李某构成故意毁坏财物罪；陈某构成故意毁坏财物罪的教唆犯。 [分析过程] 陈某教唆他人盗窃，被教唆者李某仅构成故意毁坏财物罪，而故意毁坏财物罪和盗窃罪之间可以包容评价，根据"共犯从属性"原理，陈某仅构成故意毁坏财物罪的教唆犯。
5. 村民邢某是否构成不作为的放火罪？为什么？	⊙树苗刚起火时，被路过的村民邢某发现。邢某明知法律规定发现火情时，任何人都有报警的义务，但因与李某素有矛盾，便悄然离去。	[得出结论] 邢某无罪。 [分析过程] 邢某不报警的行为与作为的放火之间不具有等价性，其不构成不作为的放火罪。

问 题	关键事实	结论和理由
6. 如认定黄某放火与范某被砸死之间存在因果关系，可能有哪些理由？如否定黄某放火与范某被砸死之间存在因果关系，可能有哪些理由？（两问均须作答）	○黄某认定是李某作案，决意报复李某，深夜对其租赁的山坡放火（李某住在山坡上）。 ○大火烧毁山坡上的全部树苗，烧伤了李某，并延烧至村民范某家。范某被火势惊醒逃至屋外，想起卧室有5000元现金，即返身取钱，被烧断的房梁砸死。	[得出结论] 如果论述"不存在因果关系"，可以考虑被害人的自陷风险；如果论述"存在因果关系"，可以考虑"条件说"等理由。 [分析过程] 判断黄某是否对范某的死亡结果负责的关键在于，判断范某进入火灾现场是否属于正常介入因素。

S2：将结论用"倒置三段论"的方式表达出来。

答案

1. 村长作为非国家工作人员，收受他人财物，为他人谋取利益，构成非国家工作人员受贿罪。黄某、李某给予非国家工作人员财物，构成对非国家工作人员行贿罪。

2. 赵某父亲帮助赵某收受财物，构成受贿罪的帮助犯；同时，其帮助他人给予国家工作人员财物，构成行贿罪的帮助犯，从一重罪处罚。由于赵某对其父收受财物的事实知情，因此，赵某构成受贿罪，而赵某父亲不构成利用影响力受贿罪。

3. 国家工作人员黄某利用拆迁和评估工作的职务之便侵吞50万元公款，构成贪污罪。李某为其提供帮助，成立贪污罪的帮助犯。二人构成贪污罪的共同犯罪。由于二人成立共同犯罪，对贪污的总数额负责，因此，二人的犯罪数额都是50万元。

4. 李某故意破坏他人汽车玻璃，构成故意毁坏财物罪。陈某教唆李某盗窃的故意中包含了毁坏财物的故意，因此，陈某构成故意毁坏财物罪的教唆犯。

5. 邢某不构成不作为的放火罪，因为邢某发现火情不报警的行为和放火行为之间不具有等价性。

6. 本案的通说否定因果关系，因为被害人范某为取财物返回火场的行为属于自陷风险，系异常介入因素，切断了行为人的放火行为与被害人死亡结果之间的因果关系。

若要得出肯定因果关系的结论，可以考虑以下理由：①根据条件说，如果没有黄某的放火行为，范某就不会死亡，因此存在因果关系；②范某在当时情况下，来不及精确判断返回住宅取财的危险性，不能视为"自陷风险"；③范某在当时情况下，返回住宅取财符合常理，并不属于异常介入因素。

集萃十六

2011年司考卷四第二题

案情:

陈某因没有收入来源,以虚假身份证明骗领了一张信用卡,使用该卡从商场购物10余次,金额达3万余元,从未还款。(事实一)

陈某为求职,要求制作假证的李某为其定制一份本科文凭。双方因价格发生争执,陈某恼羞成怒,长时间勒住李某脖子,致其窒息身亡。(事实二)

陈某将李某尸体拖入树林,准备逃跑时忽然想到李某身有财物,遂拿走李某手机、现金等物,价值1万余元。(事实三)

陈某在手机中查到李某丈夫赵某手机号,以李某被绑架为名,发短信要求赵某交20万元"安全费"。由于赵某及时报案,陈某未得逞。(事实四)

陈某逃至外地。几日后,走投无路向公安机关投案,如实交待了上述事实二与事实四。(事实五)

陈某在检察机关审查起诉阶段,将自己担任警察期间查办犯罪活动时掌握的刘某抢劫财物的犯罪线索告诉检察人员,经查证属实。(事实六)

问题:

1. 对事实一应如何定罪?为什么?
2. 对事实二应如何定罪?为什么?
3. 对事实三,可能存在哪几种处理意见(包括结论与基本理由)?
4. 对事实四应如何定罪?为什么?
5. 事实五是否成立自首?为什么?
6. 事实六是否构成立功?为什么?

解答思路

S1：逐问分析案情。

问　　题	关键事实	结论和理由
1. 对事实一应如何定罪？为什么？	陈某因没有收入来源，以虚假身份证明骗领了一张信用卡，使用该卡从商场购物10余次，金额达3万余元，从未还款。	[得出结论] 陈某构成信用卡诈骗罪。 [分析过程] 陈某盗刷他人信用卡，构成信用卡诈骗罪。其之前骗领信用卡的行为触犯妨害信用卡管理罪，按照信用卡诈骗罪认定即可。
2. 对事实二应如何定罪？为什么？	陈某恼羞成怒，长时间勒住李某脖子，致其窒息身亡。	[得出结论] 陈某构成故意杀人罪。 [分析过程] 陈某"长时间勒住李某脖子"的行为具有导致他人死亡的高度危险性，构成故意杀人罪。
3. 对事实三，可能存在哪几种处理意见（包括结论与基本理由）？	陈某将李某尸体拖入树林，准备逃跑时忽然想到李某身有财物，遂拿走李某手机、现金等物，价值1万余元。	[得出结论] 对于拿走死者身上财物的行为，存在不同观点，可能构成盗窃罪，也可能构成侵占罪。 [分析过程] 如认为死者李某仍然占有其财物，陈某打破他人占有、建立新的占有，构成盗窃罪；如认为死者李某不占有财物，陈某变占有为所有，构成侵占罪。
4. 对事实四应如何定罪？为什么？	陈某在手机中查到李某丈夫赵某手机号，以李某被绑架为名，发短信要求赵某交20万元"安全费"。由于赵某及时报案，陈某未得逞。	[得出结论] 陈某构成诈骗罪与敲诈勒索罪的想象竞合犯。 [分析过程] "假绑架，真敲诈，诈骗一起罚"。谎称绑架实际上没有控制人质的，构成诈骗罪与敲诈勒索罪的想象竞合犯。

续表

问　题	关键事实	结论和理由
5. 事实五是否成立自首？为什么？	陈某逃至外地。几日后，走投无路向公安机关投案，如实交待了上述事实二与事实四。	[得出结论] 供述自己犯罪事实的，属于自首。
6. 事实六是否构成立功？为什么？	陈某在检察机关审查起诉阶段，将自己担任警察期间查办犯罪活动时掌握的刘某抢劫财物的犯罪线索告诉检察人员，经查证属实。	[得出结论] 陈某不构成立功。 [分析过程] 立功中提供的线索不包括通过职务掌握的线索。

S2：将结论用"倒置三段论"的方式表达出来。

答　案

1. 陈某以虚假身份证明骗领信用卡，构成妨害信用卡管理罪；其使用以虚假的身份证明骗领的信用卡，构成信用卡诈骗罪。二者具有牵连关系，从一重罪论处，应认定为信用卡诈骗罪。

2. 陈某长时间勒住被害人李某的脖子，有导致他人死亡的高度危险性，因此，陈某具有杀人故意，且实施了杀人行为，构成故意杀人罪。

3. 对事实三主要存在两种处理意见：

（1）如认为死者李某仍然占有其财物，陈某打破他人占有、建立新的占有，构成盗窃罪；

（2）如认为死者李某不占有财物，陈某变占有为所有，构成侵占罪。

4. 陈某对赵某实施威胁，意图利用对方的恐惧获取财物，但在实行阶段因为客观原因未能得逞，构成敲诈勒索罪（未遂）。同时，陈某隐瞒李某死亡的事实，意图利用赵某的错误认识获取财物，但在实行阶段因为客观原因未能得逞，构成诈骗罪（未遂）。由于只有一个行为，从一重罪论处。

5. 陈某因为走投无路而投案，属于自动投案，不影响自首的成立；逃跑之后再投案的，也不影响自首的成立。因此，陈某属于自首。

6. 陈某提供的线索是在以前查办犯罪活动中利用的职务之便掌握的，因而其不属于立功。

集　萃　十　七

2010年司考卷四第二题

案情：

被告人赵某与被害人钱某曾合伙做生意（双方没有债权债务关系）。2009年5

月 23 日，赵某通过技术手段，将钱某银行存折上的 9 万元存款划转到自己的账户上（没有取出现金）。钱某向银行查询知道真相后，让赵某还给自己 9 万元。

同年 6 月 26 日，赵某将钱某约至某大桥西侧泵房后，二人发生争执。赵某顿生杀意，突然勒钱某的颈部、捂钱某的口鼻，致钱某昏迷。赵某以为钱某已死亡，便将钱某"尸体"缚重扔入河中。

6 月 28 日凌晨，赵某将恐吓信置于钱某家门口，谎称钱某被绑架，让钱某之妻孙某（某国有企业出纳）拿 20 万元到某大桥赎人，如报警将杀死钱某。孙某不敢报警，但手中只有 3 万元，于是在上班之前从本单位保险柜拿出 17 万元，急忙将 20 万元送至某大桥处。赵某蒙面接收 20 万元后，声称 2 小时后孙某即可见到丈夫。

28 日下午，钱某的尸体被人发现（经鉴定，钱某系溺水死亡）。赵某觉得罪行迟早会败露，于 29 日向公安机关投案，如实交待了上述全部犯罪事实，并将勒索的 20 万元交给公安人员（公安人员将 20 万元退还孙某，孙某于 8 月 3 日将 17 万元还给公司）。公安人员李某听了赵某的交待后随口说了一句"你罪行不轻啊"，赵某担心被判死刑，逃跑至外地。在被通缉的过程中，赵某身患重病无钱治疗，向当地公安机关投案，再次如实交待了自己的全部罪行。

问题：

1. 赵某将钱某的 9 万元存款划转到自己账户的行为，是什么性质？为什么？
2. 赵某致钱某死亡的事实，在刑法理论上称为什么？刑法理论对这种情况有哪几种处理意见？你认为应当如何处理？为什么？
3. 赵某向孙某索要 20 万元的行为是什么性质？为什么？
4. 赵某的行为是否成立自首？为什么？
5. 孙某从公司拿出 17 万元的行为是否成立犯罪？为什么？

解答思路

S1：逐问分析案情。

问　　题	关键事实	结论和理由
1. 赵某将钱某的9万元存款划转到自己账户的行为，是什么性质？为什么？	○赵某通过技术手段，将钱某银行存折上的9万元存款划转到自己的账户上（没有取出现金）。	[得出结论] 赵某构成盗窃罪，且属于犯罪既遂。 [分析过程] 通过技术手段划拨存款的，由于无人被骗，构成盗窃罪。存款到账即为犯罪既遂，无需取出现金。
2. 赵某致钱某死亡的事实，在刑法理论上称为什么？刑法理论对这种情况有哪几种处理意见？你认为应当如何处理？为什么？	○赵某顿生杀意，突然勒钱某的颈部、捂钱某的口鼻，致钱某昏迷。赵某以为钱某已死亡，便将钱某"尸体"缚重扔入河中。 ○28日下午，钱某的尸体被人发现（经鉴定，钱某系溺水死亡）。	[得出结论] 本案属于事前故意，对此，有两种不同的观点：①既遂说；②"未遂+过失并罚"说。
3. 赵某向孙某索要20万元的行为是什么性质？为什么？	○赵某将恐吓信置于钱某家门口，谎称钱某被绑架，让钱某之妻孙某（某国有企业出纳）拿20万元到某大桥赎人，如报警将杀死钱某。	[得出结论] 赵某构成诈骗罪与敲诈勒索罪的想象竞合犯。 [分析过程]"假绑架，真敲诈，诈骗一起罚"。谎称绑架实际上没有控制人质的，构成诈骗罪与敲诈勒索罪的想象竞合犯。

问　　题	关键事实	结论和理由
4. 赵某的行为是否成立自首？为什么？	⊙ 赵某觉得罪行迟早会败露，于29日向公安机关投案，如实交待了上述全部犯罪事实，并将勒索的20万元交给公安人员（公安人员将20万元退还孙某，孙某于8月3日将17万元还给公司）。公安人员李某听了赵某的交待后随口说了一句"你罪行不轻啊"，赵某担心被判死刑，逃跑至外地。在被通缉的过程中，赵某身患重病无钱治疗，向当地公安机关投案，再次如实交待了自己的全部罪行。	[得出结论] 赵某属于自首。 [分析过程] 投案又逃跑的问题，一般按照最后的状态认定。因此，投案之后逃跑又投案的，依然属于自首。
5. 孙某从公司拿出17万元的行为是否成立犯罪？为什么？	⊙ 6月28日凌晨，赵某将恐吓信置于钱某家门口，谎称钱某被绑架，让钱某之妻孙某（某国有企业出纳）拿20万元到某大桥赎人，如报警将杀死钱某。 ⊙ 孙某不敢报警，但手中只有3万元，于是在上班之前从本单位保险柜拿出17万元，急忙将20万元送至某大桥处。 ⊙ 公安人员将20万元退还孙某，孙某于8月3日将17万元还给公司。	[得出结论] 孙某不构成挪用公款罪。 [分析过程] 根据《刑法》第384条第1款的规定，国家工作人员利用职务上的便利，挪用公款归个人使用，进行非法活动的，或者挪用公款数额较大、进行营利活动的，或者挪用公款数额较大、超过3个月未还的，是挪用公款罪。因此，挪用公款用于其他活动的，需要3个月不归还才构成挪用公款罪。本案中，孙某挪用公款交赎金，属于"挪用公款用于其他活动"，其于6月28日挪用，8月3日退还，不足3个月，因而不构成挪用公款罪。

S2：将结论用"倒置三段论"的方式表达出来。

答案

1. 赵某通过技术手段，将钱某银行存折上的9万元存款划转到自己的账户上，属于打破对方的占有、建立新的占有，构成盗窃罪。赵某虽然没有实际取出现金，但已经使得该笔钱款脱离了钱某的占有，因此属于犯罪既遂。

2. 赵某致钱某死亡的事实，在刑法理论上称为事前故意。对此，有两种不同的观点：

观点1：赵某具有杀害钱某的故意，且导致钱某的死亡结果，属于故意杀人罪（既遂）。

观点2：赵某具有勒杀钱某的故意，但未以此法得逞，属于故意杀人罪（未遂）；之后赵某的"抛尸"行为构成过失致人死亡罪，与故意杀人罪（未遂）数罪并罚。

3. 赵某编造绑架事实，使得被害人孙某陷入认识错误而处分财物，构成诈骗罪；同时，赵某恐吓孙某，使得孙某陷入恐惧而处分财物，构成敲诈勒索罪。赵某一行为触犯数个罪名，因此成立诈骗罪和敲诈勒索罪的想象竞合犯，应从一重罪处罚。

4. 根据司法解释的规定，犯罪嫌疑人赵某虽然在自动投案后逃跑，但这并不影响对其最后一次投案的认定。因此，赵某仍属于自首。

5. 孙某将公款挪归个人使用，用于非法活动、营利活动之外的其他活动，数额较大，但在3个月内归还，因此不构成挪用公款罪。

集萃十八

2008年司考卷四第二题

案情：

徐某系某市国有黄河商贸公司的经理，顾某系该公司的副经理。2005年，黄河商贸公司进行产权制度改革，将国有公司改制为管理层控股的股份有限公司。其中，徐某、顾某及其他15名干部职工分别占40%、30%、30%股份。

在改制过程中，国有资产管理部门委托某资产评估所对黄河商贸公司的资产进行评估，资产评估所指派周某具体参与评估。在评估时，徐某与顾某明知在公司的应付款账户中有100万元系上一年度为少交利润而虚设的，经徐某与顾某以及公司其他领导班子成员商量，决定予以隐瞒，转入改制后的公司，按照股份分配给个人。

当周某发现了该100万元应付款的问题时，公司领导班子决定以辛苦费的名义，从公司的其他公款中取出1万元送给周某。周某收下该款后，出具了隐瞒该100万元虚假的应付款的评估报告。随后，国有资产管理部门经研究批准了公司的改制方案。在尚未办理产权过户手续时，徐某等人因被举报而案发。

问题：

1. 徐某与顾某构成贪污罪还是私分国有资产罪？为什么？
2. 徐某与顾某的犯罪数额如何计算？为什么？
3. 徐某与顾某的犯罪属于既遂还是未遂？为什么？
4. 给周某送的1万元是单位行贿还是个人行贿？为什么？
5. 周某的行为是否以非国家工作人员受贿罪与提供虚假证明文件罪实行数罪并罚？为什么？

6. 周某是否构成徐某与顾某的共犯？为什么？

解答思路

S1：逐问分析案情。

问　　题	关键事实	结论和理由
1. 徐某与顾某构成贪污罪还是私分国有资产罪？为什么？	○徐某系某市国有黄河商贸公司的经理。 ○经徐某与顾某以及公司其他领导班子成员商量，决定予以隐瞒，转入改制后的公司，按照股份分配给个人。	[得出结论]徐某与顾某构成贪污罪。 [分析过程]本案中，利益归少数人所有，是个人犯罪，徐某与顾某构成贪污罪，而不是私分国有资产罪。

续表

问 题	关键事实	结论和理由
2. 徐某与顾某的犯罪数额如何计算？为什么？	⊙徐某与顾某明知在公司的应付款账户中有100万元系上一年度为少交利润而虚设的，经徐某与顾某以及公司其他领导班子成员商量，决定予以隐瞒。 ⊙公司领导班子决定以辛苦费的名义，从公司的其他公款中取出1万元送给周某。	[得出结论]徐某与顾某的贪污数额为101万元。 [分析过程]由于是共同犯罪，所有人对全部数额负责，其中包括归领导班子所有的100万元和给周某的1万元，总共101万元。
3. 徐某与顾某的犯罪属于既遂还是未遂？为什么？	⊙公司领导班子决定以辛苦费的名义，从公司的其他公款中取出1万元送给周某。 ⊙在尚未办理产权过户手续时，徐某等人因被举报而案发。	[得出结论]给周某的1万元已经取出，是犯罪既遂；欲取出的100万元没有成功，是犯罪未遂。
4. 给周某送的1万元是单位行贿还是个人行贿？为什么？	⊙公司领导班子决定以辛苦费的名义，从公司的其他公款中取出1万元送给周某。	[得出结论]个人行贿，构成行贿罪。 [分析过程]"辛苦费"是为了领导班子的个人利益，是个人犯罪，因此是个人行贿行为。
5. 周某的行为是否以非国家工作人员受贿罪与提供虚假证明文件罪实行数罪并罚？为什么？	⊙周某收下该款后，出具了隐瞒该100万元虚假的应付款的评估报告。	[得出结论]非国家工作人员受贿又提供虚假证明文件的，从一重罪处罚。 [分析过程]根据《刑法》第229条第2款的规定，构成提供虚假证明文件罪，同时索取他人财物或者非法收受他人财物构成犯罪的，依照处罚较重的规定定罪处罚。
6. 周某是否构成徐某与顾某的共犯？为什么？	⊙周某收下该款后，出具了隐瞒该100万元虚假的应付款的评估报告。	[得出结论]周某帮助实施贪污，构成贪污罪的帮助犯。 [分析过程]周某没有国家工作人员的身份，不构成贪污罪的正犯，但可以构成贪污罪的帮助犯。

S2：将结论用"倒置三段论"的方式表达出来。

答 案

1. <u>徐某与顾某构成贪污罪</u>。徐某与顾某作为国家工作人员，利用职务之便将100万元按照股份分配给个人,并非为了公司职工的利益,也没有让公司的职工知晓,因而不符合私分国有资产罪的构成要件。

2. 根据共同犯罪中"部分行为、全部责任"的原则,徐某与顾某应对100万元负责,而不应仅仅对二人各自所占的份额负责。此外,对周某行贿的1万元是从公司的其他公款中取出的,是二人先行贪污,然后行贿的,因此,这1万元也应算在二人贪污罪的犯罪数额中。所以,徐某与顾某的犯罪数额为101万元。

3. 公司改制尚未完成就案发,因此,这100万元还没有被二人非法占有,属于贪污罪未遂;用于行贿的1万元已经从公司公款中支取,属于贪污罪既遂。

4. 贿赂周某的目的是让周某帮其隐瞒100万元应付款的问题,以便能够通过公司改制,由徐某、顾某将该笔金额非法占有,属于"为个人谋取不正当利益"。因此,公司领导班子送1万元给周某构成对非国家工作人员行贿罪,不属于单位行贿。

5. 周某先后构成非国家工作人员受贿罪和提供虚假证明文件罪,应当从一重罪处罚,而非数罪并罚。

6. 周某虽然不具有国家工作人员的身份,但其明知徐某和顾某以非法侵吞国有资产为目的,仍为其提供便利,构成贪污罪的帮助犯。

集萃十九

2008年司考卷四第四题(延考卷)

案情:

瓜农王某在自家田地里种了5亩西瓜。因在西瓜成熟季节经常被盗,王某便在全村喊话:"西瓜打了农药(其实没有打药),偷吃西瓜出了人命我不负责!"但此后西瓜仍然被盗。

于是,王某果真在西瓜上打了农药,并用注射器将农药注入瓜田中较大的5个西瓜内,并在西瓜地里插上写有"瓜内有毒,请勿食用"的白旗。邻村李某路过瓜地,虽然看见了白旗,但以为是吓唬人的,仍然摘了一大一小两个西瓜,其中大的西瓜是注入了农药的。

回家后,李某先把小的西瓜吃了,然后出门干活。

当天,正好家里来了3位客人,李某的妻子赵某见桌子上放着一个大西瓜,以为是李某买的,就用来招待客人,结果导致2个客人死亡,1个重伤。

问题:

1. 王某的行为构成犯罪还是属于正当防卫?为什么?
2. 李某的行为触犯了哪些罪名?

3. 李某触犯的数个罪名是否构成数罪？为什么？
4. 李某触犯的数个罪名应当如何处理？
5. 赵某的行为是否构成犯罪？为什么？

解答思路

S1：逐问分析案情。

问　　题	关键事实	结论和理由
1. 王某的行为构成犯罪还是属于正当防卫？为什么？	⊙王某果真在西瓜上打了农药。	［得出结论］王某不属于正当防卫。 ［分析过程］防卫装置要成立正当防卫需要同时满足两个条件：①不能侵害其他法益，如公共安全；②手段具有相当性。 　　本案中，王某的行为侵害了公共安全，而且造成了他人重伤、死亡的后果，不符合以上两个条件，不属于正当防卫。

续表

问 题	关键事实	结论和理由
2. 李某的行为触犯了哪些罪名?	⊙ 邻村李某路过瓜地,虽然看见了白旗,但以为是吓唬人的,仍然摘了一大一小两个西瓜,其中大的西瓜是注入了农药的。 ⊙ 李某的妻子赵某见桌子上放着一个大西瓜,以为是李某买的,就用来招待客人,结果导致2个客人死亡,1个重伤。	[得出结论] 李某构成过失致人死亡罪。 [分析过程] 李某以为牌子标明的内容是吓唬人的,因此,其对死亡和重伤结果都具有过失,构成过失致人死亡罪和过失致人重伤罪,从一重罪,以过失致人死亡罪处罚。
3. 李某触犯的数个罪名是否构成数罪?为什么?		
4. 李某触犯的数个罪名应当如何处理?		
5. 赵某的行为是否构成犯罪?为什么?	⊙ 李某的妻子赵某见桌子上放着一个大西瓜,以为是李某买的,就用来招待客人,结果导致2个客人死亡,1个重伤。	[得出结论] 赵某对结果缺乏预见可能性,属于意外事件。

S2:将结论用"倒置三段论"的方式表达出来。

答 案

1. 王某设置的装置危及公共安全,而且导致他人死亡、重伤的结果,超出了防卫必要的限度,不符合正当防卫的构成条件,因此构成犯罪。

2. 李某没有预见到西瓜可能导致他人的死亡和重伤结果的发生,过失导致他人死亡和重伤,分别构成过失致人死亡罪和过失致人重伤罪。

3. 李某一个行为同时构成过失致人死亡罪和过失致人重伤罪,属于想象竞合犯,应当从一重罪处罚,不应当数罪并罚。

4. 李某的一个行为触犯的数个罪名,应从一重罪处罚,即按照过失致人死亡罪论处。

5. 赵某无法预见西瓜有毒的事实,也无法预见死亡、重伤结果的发生,因此,赵某的行为属于意外事件,不构成犯罪。

集 萃 二 十

2007 年司考卷四第二题

案情:

陈某见熟人赵某做生意赚了不少钱便产生歹意,勾结高某,谎称赵某欠自己10万元货款未还,请高某协助索要,并承诺要回款项后给高某1万元作为酬谢。高某同意。

某日，陈某和高某以谈生意为名把赵某诱骗到稻香楼宾馆某房间，共同将赵某扣押，并由高某对赵某进行看管。次日，陈某和高某对赵某拳打脚踢，强迫赵某拿钱。赵某迫于无奈给其公司出纳李某打电话，以谈成一笔生意急需 10 万元现金为由，让李某将现金送到宾馆附近一公园交给陈某。

陈某指派高某到公园取钱。李某来到约定地点，见来人不认识，就不肯把钱交给高某。高某威胁李某说："赵某已被我们扣押，不把钱给我，我们就把赵某给杀了。"

李某不得已将 10 万元现金交给高某。高某回到宾馆房间，发现陈某不在，赵某倒在窗前已经断气。见此情形，高某到公安机关投案，如实供述罪行，并协助司法机关将陈某抓获归案。

事后查明，赵某因爬窗逃跑被陈某用木棒猛击脑部，致赵某身亡。

问题：

1. 陈某将赵某扣押向其索要 10 万元的行为构成何种犯罪？为什么？
2. 高某将赵某扣押向其索要 10 万元的行为构成何种犯罪？为什么？
3. 陈某与高某是否构成共同犯罪？为什么？
4. 高某在公园取得李某 10 万元的行为是否另行构成敲诈勒索罪？为什么？
5. 陈某对赵某的死亡，应当如何承担刑事责任？为什么？
6. 高某对赵某的死亡后果是否承担刑事责任？为什么？
7. 高某的投案行为是否成立自首与立功？为什么？

解答思路

S1：逐问分析案情。

问题	关键事实	结论和理由
1. 陈某将赵某扣押向其索要10万元的行为构成何种犯罪？为什么？	○陈某见熟人赵某做生意赚了不少钱便产生歹意，勾结高某，谎称赵某欠自己10万元货款未还，请高某协助索要，并承诺要回款项后给高某1万元作为酬谢。高某同意。	[得出结论] 陈某构成抢劫罪；高某构成非法拘禁罪。 [分析过程] 陈某有非法占有目的；高某是想要债，没有非法占有目的。 　　抢劫罪和绑架罪的区别在于，如果是控制人质时向被控制人索要财物，则是抢劫罪；如果是向第三人索要财物，则是绑架罪，之后财物来源发生变化的，不影响性质的认定。 　　本案中，陈某和高某直接向被控制人赵某本人索要财物，即使之后赵某让李某拿钱，也不影响陈某构成抢劫罪。而高某没有非法占有目的，构成非法拘禁罪。由于抢劫罪和非法拘禁罪可以包容评价，因此，二人在非法拘禁罪的范围内成立共同犯罪。
2. 高某将赵某扣押向其索要10万元的行为构成何种犯罪？为什么？	○某日，陈某和高某以谈生意为名把赵某诱骗到稻香楼宾馆某房间，共同将赵某扣押，并由高某对赵某进行看管。次日，陈某和高某对赵某拳打脚踢，强迫赵某拿钱。赵某迫于无奈给其公司出纳李某打电话，以谈成一笔生意急需10万元现金为由，让李某将现金送到宾馆附近一公园交给陈某。	
3. 陈某与高某是否构成共同犯罪？为什么？		
4. 高某在公园取得李某10万元的行为是否另行构成敲诈勒索罪？为什么？	○陈某指派高某到公园取钱。李某来到约定地点，见来人不认识，就不肯把钱交给高某。高某威胁李某说："赵某已被我们扣押，不把钱给我，我们就把赵某给杀了。"	[得出结论] 高某不另行构成敲诈勒索罪。 [分析过程] 高某主观上是想要债，没有非法占有目的，不另行构成敲诈勒索罪。

续表

问题	关键事实	结论和理由
5. 陈某对赵某的死亡，应当如何承担刑事责任？为什么？	○事后查明，赵某因爬窗逃跑被陈某用木棒猛击脑部，致赵某身亡。	［得出结论］陈某属于抢劫致人死亡；高某属于非法拘禁致人死亡。 ［分析过程］陈某在抢劫过程中杀人，属于抢劫致人死亡。非法拘禁罪存在结果加重犯，因此，高某对死亡结果有预见可能性，属于非法拘禁致人死亡。
6. 高某对赵某的死亡后果是否承担刑事责任？为什么？		
7. 高某的投案行为是否成立自首与立功？为什么？	○高某到公安机关投案，如实供述罪行，并协助司法机关将陈某抓获归案。	［得出结论］高某属于自首，也属于立功。 ［分析过程］高某去公安机关投案属于自首，协助司法机关将陈某抓获属于立功。

S2：将结论用"倒置三段论"的方式表达出来。

> **答 案**

1. 陈某以非法占有目的直接向被控制人赵某索要财物，构成抢劫罪。

2. 高某主观上以为是索要债务，因此不具有非法占有目的，其控制赵某的行为构成非法拘禁罪。

3. 根据"部分犯罪共同说"，陈某和高某在非法拘禁罪的范围内成立共同犯罪。

4. 高某主观上以为自己在索取债务，不具有非法占有的目的，不构成敲诈勒索罪。

5. 陈某在抢劫过程中故意杀人，属于抢劫致人死亡，不再另行认定为故意杀人罪。

6. 高某对赵某的死亡结果负责。高某实施了非法拘禁的行为，而非法拘禁罪存在结果加重犯，因此，高某对赵某的死亡结果有预见可能性，属于非法拘禁致人死亡，加重处罚。

7. 高某自动投案、如实供述罪行，属于自首。此外，高某协助司法机关将陈某抓获归案，属于立功。因为陈某属于抢劫致人死亡，有可能被判处无期徒刑以上的刑罚，所以高某还属于重大立功。

专题三 "观点展示"型

集萃二十一

2022 年法考主观卷回忆题

案情：

王某和郑某合伙开公司，后因经营不善导致亏损。两人遂共谋骗取银行贷款。王某让郑某准备虚假的贷款材料。郑某私自准备了虚假的材料为银行贷款向保险公司投保。王某对投保的事实不知情。两人骗取银行 600 万元贷款后逃往外地。最终，银行向保险公司追偿了本金及利息。（事实一）

走投无路的王某、郑某侵入长期无人居住的陈某的住宅，并长期生活。（事实二）

某日，王某趁郑某睡觉时，欲偷偷将郑某支付宝中的余额转出，但发现其余额为零，随即又发现郑某的支付宝绑定了一张银行卡，于是王某用支付宝绑定的银行卡先将钱转到郑某的支付宝余额中，再从支付宝余额转给自己 2 万元，并删除相关信息记录。（事实三）

次日，郑某问王某此事，王某不承认。郑某将王某拘禁在一个房间内 50 个小时，不给水和吃的。王某被迫承认偷了郑某的钱。郑某非常生气，将王某从二楼推下，造成王某重伤。（事实四）

问题：

1. 针对事实一，有人说郑某只构成保险诈骗罪；有人说郑某既构成保险诈骗罪，也构成贷款诈骗罪，两罪属于牵连犯，应择一重罪论处。请就两种观点分析理由。

2. 在事实一中，王某的行为如何定性（含犯罪形态）？是否存在不同观点？

3. 在事实二中，王某、郑某的行为是否构成非法侵入住宅罪？请说出你的观点和理由。

4. 针对事实三，有观点认为王某构成盗窃罪，有观点认为构成信用卡诈骗罪。请说出你的观点和理由。

5. 针对事实四，有观点认为郑某只构成故意伤害罪。请说出这个观点的理由和不足。

解答思路

S1：先预估出两个可能的结论，并且找到可能导致结论不同的核心点，找出表达关键词。

问题	结论	理由	区分核心	关键词
问题1	不构成贷款诈骗罪	银行没有受到损失。	银行得到了保险赔偿，是否能认定其受到了损失？	经济损失；贷款诈骗罪。
	构成贷款诈骗罪	银行受到了损失。		

续表

问题	结论	理由	区分核心	关键词
问题2	不构成犯罪	共犯从属性说。	被教唆者不构成犯罪的，教唆者如何定性？	共犯从属性说；共犯独立性说；教唆犯；无罪
	构成贷款诈骗罪的教唆犯（未遂）	共犯独立性说。		
问题3	不构成非法侵入住宅罪	没有侵犯人身法益。		
	构成非法侵入住宅罪	侵犯了房屋的使用权。		
问题4	不构成信用卡诈骗罪	没有破坏金融管理秩序。		
	构成信用卡诈骗罪	本质上就是在使用信用卡。		
问题5	非法拘禁罪和故意伤害罪数罪并罚	前后两个行为构成两个犯罪，按原则数罪并罚。		

S2：对结论凑出表达即可。

答 案

1. **观点1**：如果认为银行有担保而可以免遭经济损失，则由于郑某为银行贷款投保，银行没有造成财产损失，因此，郑某不构成贷款诈骗罪；同时，郑某作为投保人，虚构事实骗取保险金，构成保险诈骗罪。

观点2：如果认为银行虽然最终免遭经济损失，但仍因被欺骗而遭受了财产性利益上的损失，则郑某构成贷款诈骗罪；同时，郑某作为投保人，虚构事实骗取保险金，构成保险诈骗罪，与贷款诈骗罪从一重罪处罚。

2. 王某教唆郑某实施贷款诈骗，如果根据第1问的观点1，郑某不构成贷款诈骗罪，则对王某的行为有两种观点：

观点1：根据"共犯从属性说"，由于郑某不构成贷款诈骗罪，因此，王某也不构成贷款诈骗罪的教唆犯；

观点2：根据"共犯独立性说"，虽然郑某不构成贷款诈骗罪，但王某有教唆他人实施贷款诈骗的行为，构成贷款诈骗罪的教唆犯，属于犯罪未遂，从宽处罚。

如果根据第1问的观点2，郑某构成贷款诈骗罪，则王某构成贷款诈骗罪的教唆犯。

3. **观点1**：不构成非法侵入住宅罪，理由如下：非法侵入住宅罪是人身犯罪，需要侵犯他人的人身法益，本案中，王某、郑某侵入长期无人居住的住宅不会侵犯陈某的住宅安宁权，不构成非法侵入住宅罪；

观点2：构成非法侵入住宅罪，理由如下：非法侵入住宅侵犯的是他人对住宅的使用权，本案中，即使王某、郑某侵入长期无人居住的陈某的住宅，也会侵犯陈某对住宅的使用权，故构成非法侵入住宅罪。

4. **观点1**：构成盗窃罪，理由如下：信用卡诈骗罪需要破坏金融管理秩序，本案中，王某仅仅是使用支付宝内绑定的银行卡进行转账，没有使用现实的银行卡，没有破坏金融管理秩序，不构成信用卡诈骗罪；

观点2：构成信用卡诈骗罪，理由如下：王某使用支付宝内绑定的银行卡进行转账，相当于冒用了他人的信用卡，构成信用卡诈骗罪。

5. 郑某应当构成非法拘禁罪和故意伤害罪，数罪并罚。本案中，郑某前后实施了两个行为：非法拘禁和故意伤害，按照罪数处理的原则，应当数罪并罚。本案不能适用"非法拘禁并使用暴力转化为故意伤害罪"的条款，因为没有理由转化为处罚更轻的故意伤害罪一罪。因此，应当以非法拘禁罪和故意伤害罪，数罪并罚。

集萃二十二

2021年法考主观卷回忆题

问题1：甲为了不还账，侵入被害人家中直接杀人，应当如何处理？写出两种不同观点。

问题2：甲用低档白酒冒充高档白酒，是否应以销售假冒伪劣产品论处？写出两种不同观点。

问题3：甲偷走被害人的手机，将支付宝绑定的银行卡中的3万元转入被害人支付宝，又到商场消费。甲构成信用卡诈骗罪还是盗窃罪？写出两种不同观点。

问题4：甲侵入某住宅，里面有个5岁小孩。甲为了取得财物，对小孩说"不要出声，否则，打你头哦"，之后甲取得了财物。甲构成抢劫罪还是盗窃罪？写出两种不同观点。

解答思路

S1：先预估出两个可能的结论，并且找到可能导致结论不同的核心点，找出表达关键词。

问题	结论	理由	区分核心	关键词
问题1	抢劫致人死亡	甲通过杀人的方式使得债务消灭，构成抢劫致人死亡。	抢劫的对象可否包括"财产性利益"？	财产性利益（债务）；抢劫罪；故意杀人罪。
	故意杀人罪	杀人不能导致债务消灭，甲仅构成故意杀人罪。		
问题2	生产、销售伪劣产品罪	侧重评价对消费者的欺骗。	甲用低档白酒冒充高档白酒，主要侵害的是消费者的法益还是商标权人的法益？	生产、销售伪劣产品罪；假冒注册商标罪。
	假冒注册商标罪	侧重评价对商标权人的侵权。		
问题3	信用卡诈骗罪	属于信用卡诈骗。	盗刷他人与银行卡绑定的支付宝中的钱是否属于信用卡诈骗？	冒用；信用卡诈骗罪；盗窃罪；金融管理秩序。
	盗窃罪	属于盗窃他人卡内财物。		
问题4	盗窃罪	抢劫中的"压制反抗"需要实际上压制他人反抗。	抢劫中的"压制反抗"是否需要实际上压制他人反抗？还是达到可能"压制他人反抗"的程度即可？	盗窃罪；抢劫罪；压制反抗。
	抢劫罪	抢劫中的"压制反抗"只需要达到可能压制他人反抗的程度。		

S2：对结论凑出表达即可。

答案

1. 关于问题1

观点1：财产性利益可以成为抢劫罪的对象，则甲以杀人的手段使得对方债权消灭，属于抢劫致人死亡，且属于入户抢劫，加重处罚；

观点2：财产性利益不能成为抢劫罪的对象，则甲非法剥夺他人生命，构成故意杀人罪。

2. 关于问题2

观点1："伪劣产品"是指"以假充真""以次充好"的情况。用低档白酒冒充高档白酒属于"以次充好"的情况，欺骗消费者，甲构成生产、销售伪劣产品罪。

观点2：甲未经注册商标所有人许可，在同一种商品上使用与其注册商标相同的商标，情节严重，侵害他人的知识产权法益，构成假冒注册商标罪。

3. 关于问题3

观点1：与银行卡绑定的支付宝内的财物也属于信用卡内的财物。本案中，甲冒用他人信用卡，构成信用卡诈骗罪。

观点2：虽然支付宝内的财物与银行卡绑定，但甲的行为没有侵害金融管理秩序，因此，甲的行为不构成信用卡诈骗罪，仅属于盗窃他人卡内财物的行为，构成盗窃罪。

4. 关于问题4

观点1：抢劫罪中"压制反抗"需要实际上压制他人反抗。据此，幼儿不能成为被压制反抗的对象，甲仅构成盗窃罪。

观点2：抢劫罪中"压制反抗"只需要达到可能压制他人反抗的程度即可。据此，甲的行为达到了压制一般人反抗的程度，构成抢劫罪。

集萃二十三

2021年法考主观卷回忆题（延考卷）

问题1：甲敲诈勒索乙，威胁公布隐私，乙按照甲的要求将10万元现金放在垃圾桶。甲告知丙真相，丙去取来10万元现金，两人平分。对于本案存在两种观点：第一种观点认为，丙构成敲诈勒索罪；第二种观点认为，丙构成侵占罪。请分别说明理由。

问题2：甲入户盗窃一台笔记本电脑，下楼时遇到乙，为了抗拒抓捕，将乙打成轻伤，实际上乙是来发小广告的，不知道甲的罪行。对于本案存在两种观点：第一种观点认为，甲构成转化抢劫；第二种观点认为，甲构成故意伤害罪、盗窃罪。请分别说明理由。

问题3：甲为了索取债务，和乙一起非法拘禁丙。丙表示不还钱，甲和乙一起商量并砍掉丙的大拇指（重伤）。有观点认为，甲和乙仅构成故意伤害罪。你赞成还是反对？请说明理由。

问题4：甲和乙系夫妻，甲犯罪，乙劝其自首，不然离婚并带走小孩。甲勒住乙的脖子，欲杀死乙，乙大声呼救，两个小孩过来。甲觉得在小孩面前杀死乙不合适，遂松开乙，乙仅构成轻微伤。甲是构成犯罪未遂还是犯罪中止？请说明理由。

解答思路

S1：先预估出两个可能的结论，并且找到可能导致结论不同的核心点，找出表达关键词。

问题	结论	理由	区分核心	关键词
问题1	敲诈勒索罪	如果甲的行为没有既遂，丙加入后属于承继共犯，构成敲诈勒索罪。	甲的行为是否既遂？也就是考查敲诈勒索罪的既遂标准是行为人取得财物还是被害人失去财物。	既遂；承继共犯；取得财物；失去财物。
	侵占罪	如果甲的行为已经既遂，丙不是承继共犯，而由于甲的行为已经结束，丙只能构成侵占罪。		

续表

问题	结论	理由	区分核心	关键词
问题2	转化抢劫	如果认为对象错误不影响转化抢劫，则甲属于转化抢劫。	对象错误是否影响转化抢劫的成立？	转化抢劫；对象错误。
	故意伤害罪与盗窃罪，数罪并罚	如果认为对象错误影响转化抢劫，则甲按照原则处理，认定为故意伤害罪与盗窃罪，数罪并罚。		
问题3	故意伤害罪	认为属于"使用暴力致人死亡"，转化为故意伤害罪一罪。	本案是否符合转化犯的条件？	转化犯；数罪并罚。
	故意伤害罪与非法拘禁罪，数罪并罚	认为不属于"使用暴力致人死亡"，按照原则处理，认定为故意伤害罪与非法拘禁罪，数罪并罚。		
问题4	犯罪中止	相比被警察发现，被小孩发现不是大阻力，因此认定为犯罪中止。		

S2：对结论凑出表达即可。

答 案

1. 关于问题1

甲以恶害相通告，使乙陷入恐惧处分财物，构成敲诈勒索罪。对于丙，存在两种观点：

观点1：如果甲实际取得财物才是敲诈勒索罪的既遂，则丙在甲敲诈勒索的过程中加入，属于承继共犯，因此对丙认定为敲诈勒索罪；

观点2：如果被害人失去对财物的控制即为敲诈勒索罪的既遂，则丙在甲敲诈勒索既遂之后将他人的财物变占有为所有，构成侵占罪。

2. 关于问题2

观点1：甲犯盗窃罪，之后为了抗拒抓捕使用暴力，即使发生了对象错误，也转化为抢劫罪，且属于入户抢劫，加重处罚。

观点2：甲发生了对象错误，使用暴力的对象并非财物的所有人或者占有人，因此在客观上不属于"抗拒抓捕"，不构成转化抢劫。甲在盗窃之后损害他人身体健康，导致轻伤的结果，构成故意伤害罪，数罪并罚。

3. 关于问题3

我不赞同这样的观点。因为甲、乙先后实施了两个行为：先控制他人，构成非法拘禁罪；之后损害他人身体健康，导致他人重伤的结果，应当以非法拘禁罪和故意伤害罪数罪并罚。这种情况不宜认定为"使用暴力致人重伤"的转化情节，因为没有理由将原本应当数罪并罚的情形拟制为更轻的故意伤害罪一罪。

（或者回答：我赞同这样的观点。因为根据《刑法》第238条第2款的规定，非法拘禁使用暴力致人重伤的，转化为故意伤害罪。因此，行为人先控制他人，后来使用暴力导致他人重伤的，应当认定为故意伤害致人重伤。）

4. 关于问题 4

我认为是犯罪中止。甲的犯罪行为仅是被孩子，即一般公民发觉，是一般伦理上的阻碍，不属于不能达成既遂的重大事由，因此，甲在能够得逞的情况下放弃犯罪，属于犯罪中止，从宽处罚。

专题四 "论述写作"型

集萃二十四
2008年司考卷四第七题

材料：

案例一：2005年9月15日，B市的家庭主妇张某在家中利用计算机ADSL拨号上网，以E话通的方式，使用视频与多人共同进行"裸聊"被公安机关查获。对于本案，B市S区检察院以聚众淫乱罪向S区法院提起公诉，后又撤回起诉。

案例二：从2006年11月到2007年5月，Z省L县的无业女子方某在网上从事有偿"裸聊"，"裸聊"对象遍及全国22个省、自治区、直辖市，在电脑上查获的聊天记录就有300多人，网上银行汇款记录1000余次，获利2.4万元。对于本案，Z省L县检察院以传播淫秽物品牟利罪起诉，L县法院以传播淫秽物品牟利罪判处方某有期徒刑6个月，缓刑1年，并处罚金5000元。

关于上述两个网上"裸聊"案，在司法机关处理过程中，对于张某和方某的行为如何定罪存在以下三种意见：第一种意见认为应定传播淫秽物品罪（张某）或者传播淫秽物品牟利罪（方某）；第二种意见认为应定聚众淫乱罪；第三种意见认为"裸聊"不构成犯罪。

问题： 根据罪刑法定原则，评述上述两个网上"裸聊"案的处理结果。

答题要求：

1. 在综合分析基础上，提出观点并运用法学知识阐述理由。
2. 观点明确，论证充分，逻辑严谨，文字通顺。
3. 不少于500字，不必重复案情。

《刑法》参考条文：

※第3条　法律明文规定为犯罪行为的，依照法律定罪处刑；法律没有明文规定为犯罪行为的，不得定罪处刑。

※第301条第1款　聚众进行淫乱活动的，对首要分子或者多次参加的，处5年以下有期徒刑、拘役或者管制。

※第363条第1款　以牟利为目的，制作、复制、出版、贩卖、传播淫秽物品的，处3年以下有期徒刑、拘役或者管制，并处罚金；情节严重的，处3年以上10年以下

有期徒刑，并处罚金；情节特别严重的，处 10 年以上有期徒刑或者无期徒刑，并处罚金或者没收财产。

※**第 364 条第 1 款** 传播淫秽的书刊、影片、音像、图片或者其他淫秽物品，情节严重的，处 2 年以下有期徒刑、拘役或者管制。

※**第 367 条第 1、2 款** 本法所称淫秽物品，是指具体描绘性行为或者露骨宣扬色情的诲淫性的书刊、影片、录像带、录音带、图片及其他淫秽物品。

有关人体生理、医学知识的科学著作不是淫秽物品。

解答思路

S1：建立论述框架，确立每一段的核心思想。

上述事实讨论的核心是罪刑法定原则，尤其是"严格的罪刑法定"中涉及刑法解释论的问题，具体到案情中，需要对"聚众淫乱""传播淫秽物品牟利"中的核心语词作出解读，进而得出结论。因此，论述可以分三段进行：

段 落	论述核心	关键词
第一段	罪刑法定原则要求严格地对语词进行解释。	罪刑法定；约束；司法权；严格的罪刑法定。

续表

段落	论述核心	关键词
第二段	刑法的解释应当在语词理解的范围之内，不应超出公民的预期。	扩大解释；类推；可预期。
第三段	单纯裸聊不构成聚众淫乱罪；有偿裸聊可能构成传播淫秽物品牟利罪。	"聚众""淫秽物品""传播"。

S2：填充框架，将核心逻辑和关键词通过完整的句子结构表达出来。

答案

罪刑法定原则之于刑法，犹如明珠之于桂冠，其是司法判决中需要被奉为圭臬的准则，重要性不言而喻。罪刑法定原则强调立法权对司法权的约束作用，犯罪与刑罚这些关系到国民基本权利的内容，必须由立法的方式加以固定，并且在此过程中体现国民的意志；此外，罪刑法定原则要求立法者事先规定犯罪与刑罚的内容，使得国民能够提前预测自己行为的法律效果，起到保障人权的作用。因此，罪刑法定原则要求，对刑法的解释必须是严格的，禁止不利于行为人的类推，否则必然导致公权力对公民基本权利的褫夺。

如何有效避免扩大解释滑向类推的危险地带呢？这就要求，对刑法分则条文的解释，必须同时符合两个要求：①不能超出刑法用语可能具有的含义；②必须符合分则条文的目的。也就是说，对刑法条文的理解不能超出国民的预期，否则就是刑法所禁止的类推。

在上述两个"裸聊"的案件中，可能涉及的罪名有聚众淫乱罪、传播淫秽物品牟利罪和传播淫秽物品罪。首先，"聚众"是聚众淫乱罪的核心限制条件，而"聚众"的核心又在于不特定人的参与。由于聚众淫乱罪侵害的是"社会管理秩序"法益，因此不能将特定熟人之间的"裸聊"行为认定为"聚众淫乱"，否则就是对公民私域空间的不当侵夺。其次，传播淫秽物品牟利罪和传播淫秽物品罪中的"淫秽物品"是否包括实时信息呢？从解释论的角度看，答案是肯定的。从客观解释论的态度出发，"物品"一词随着时代的发展在内涵上也不断扩张，从静态信息到动态信息，再到实时信息，"物品"本质上都是"淫秽性"的表现载体，而实时"裸聊"和"裸聊"视频在本质上别无二致，都属于"淫秽物品"。最后，"传播"一词应当理解为"向不特定人扩散"，如果是特定熟人之间，不能理解为刑法意义上的"传播"，否则不利于对公权力的有效限制。由此可见，案例一中的"裸聊"没有涉及不特定对象，不能将案例一中行为人的行为理解为刑法中的"传播"，行为人不构成传播淫秽物品罪；同时，案例一中行为人的行为不符合"聚众"的条件，将其认定为聚众淫乱罪也缺乏妥适性。因此，只能以无罪处理。案例二中，行为人与不特定人有偿"裸聊"，符合"淫秽物品"和"传播"的条件，构成传播淫秽物品牟利罪。

集萃二十五

2006年司考卷四第六题

材料：

某《民法典》第1条规定："民事活动，法律有规定的，依照法律；法律没有规定的，依照习惯；没有习惯的，依照法理。"

问题： 比较该条规定与刑法中"法无明文规定不为罪"原则的区别及理论基础。

解答思路

S1：建立论述框架，确立每一段的核心思想。

段　落	论述核心	关键词
第一段	对比民法和刑法的特征，民法广泛适用，刑法需要严格适用。	严格适用。
第二段	罪刑法定原则。	"可预期性"；排斥习惯法；禁止类推。
第三段	刑法中双方关系不平等。	对弱势群体的保护，限制公权力。

S2：填充框架，将核心逻辑和关键词通过完整的句子结构表达出来。

答　案

民法可以以习惯法和法理作为定案的根据，因为民法在生活中的适用是广泛的，法律没有明文规定的民事问题也需要作出调整。与此相对，刑法需要严格适用，在法律没有明文规定的情况下，不得定罪和处罚，这就是"罪刑法定原则"。

刑法是最严厉的法律，因此，诸如犯罪与刑罚这些关系到国民基本权利的内容，必须通过立法的方式加以确定，体现国民的意志。为了不限制国民的行为与创造自由，刑法事先规定犯罪与刑罚的内容，使得国民能够提前预测自己行为的法律效果，从而维护人权。"罪刑法定原则"排斥习惯法的适用，刑法的渊源只能是最高立法机关依法制定的刑事成文实体法律规范，这是民主主义的当然要求，其他法律性文件不能创设刑法罚则。另外，刑法禁止类推。类推，是指在缺乏刑法明文规定的情况下适用类似规定定罪处罚。这是一种司法恣意的做法，不被允许。因此，对刑法中语词的理解必须遵循一般人的认知，否则就与刑法通过文字形成的规范指引国民的目的相悖。

民法调整的是平等主体之间的法律关系，在出现民事纠纷的情况下，必须诉诸法律解决，起到"定分止争"的作用。因此，民事关系可以以习惯法和法理作为定案的根据。与此不同的是，刑法涉及公权力和犯罪人两方主体，二者之间，公权力处于绝对强势的地位。因此，出于对弱势群体的保护以及对公权力的限制，立法权必须对司法权起到一定的约束作用。司法者不可以仅凭法律以外的习惯法或者法理定罪和量刑，必须坚守"法无明文规定不为罪，法无明文规定不处罚"，即"罪刑法定原则"的基本底线。

可见，民法和刑法在地位上以及调整对象上的差异，决定了刑法在适用上必须严格遵守"罪刑法定原则"，不得依照习惯法和法理定罪量刑。

大综案例 第二部分

专题一 "一问到底"型

案例一

自己摩托自己偷，遭遇路人把人抽

案情：

郑某花 5000 元购得摩托车一辆。半年后，其友甲提出借用摩托车，郑某同意。甲借用数周不还，郑某碍于情面，一直未讨还。郑某妻子王某对郑某说："甲的心眼也太坏了，我们得悄悄把车取回来，然后跟他要一笔钱。"郑某同意。（事实一）

某晚，郑某和王某前往甲家，王某在门外望风，郑某乘甲家无人进入户内，试图将摩托车推走。此时，甲的邻居乙路过，发现郑某形迹可疑，要将郑某扭送到附近的公安局。郑某拼命抗拒抓捕，将乙打成重伤。（事实二）

之后，郑某又碰到路人丙，丙发现郑某形迹可疑，且身上有血迹，于是假装是社区保安，对郑某说："我是保安，你跑到社区偷车来了啊？我要报警了。"郑某信以为真，自觉理亏，弃车离开。丙将车骑走。（事实三）

郑某出门和王某会合，王某问郑某："车拿到了吗？"郑某称没有发现摩托车。（事实四）

次日，甲将摩托车丢失之事告诉郑某。郑某称："没事，赔 5000 元就行。"甲于是付给郑某摩托车款 5000 元。（事实五）

问题： 综合分析各行为人的刑事责任。

解答思路

S1：逐段分析案情。

案 件	重要事实	结论和理由
案件1	⊙ 郑某花 5000 元购得摩托车一辆。半年后，其友甲提出借用摩托车，郑某同意。甲借用数周不还，郑某碍于情面，一直未讨还。 ⊙ 次日，甲将摩托车丢失之事告诉郑某。郑某称："没事，赔 5000 元就行。"甲于是付给郑某摩托车款 5000 元。	[得出结论] 郑某和王某构成盗窃罪。 [分析过程] 刑法在"有权占有"和"所有权"当中优先保护"有权占有"。本案中，即使郑某是车辆的所有权人，但甲的占有是更加优先保护的。从最终二人索要财物来看，可以印证郑某、王某在"拿回"车的时候具有非法占有目的的结论。
	⊙ 郑某妻子王某对郑某说："甲的心眼也太坏了，我们得悄悄把车取回来，然后跟他要一笔钱。"郑某同意。 ⊙ 某晚，郑某和王某前往甲家，王某在门外望风，郑某乘甲家无人进入户内，试图将摩托车推走。	[得出结论] 郑某和王某构成盗窃罪的共同犯罪，郑某是正犯，王某是教唆犯。 [分析过程] 王某教唆郑某盗窃，之后还有望风的帮助行为，评价为更严厉的教唆犯。

续表

案 件	重要事实	结论和理由
案件2	⊙甲的邻居乙路过,发现郑某形迹可疑,要将郑某扭送到附近的公安局。郑某拼命抗拒抓捕,将乙打成重伤。	[得出结论] 郑某属于抢劫致人重伤。 [分析过程] 转化抢劫的对象不限于财物的主人。因此,郑某在盗窃之后为了抗拒抓捕对第三人使用暴力、致人重伤,属于"抢劫致人重伤"。
	⊙郑某妻子王某对郑某说:"甲的心眼也太坏了,我们得悄悄把车取回来,然后跟他要一笔钱。"郑某同意。	[得出结论] 王某不对郑某的抢劫行为负责。 [分析过程] 王某只是教唆和帮助郑某盗窃,无法预见郑某实施了抢劫,因此,王某仅对盗窃罪负责。
案件3	⊙丙发现郑某形迹可疑,且身上有血迹,于是假装是社区保安,对郑某说:"我是保安,你跑到社区偷车来了啊?我要报警了。"郑某信以为真,自觉理亏,弃车离开。丙将车骑走。	[得出结论] 丙构成诈骗罪。 [分析过程] "抛弃占有"也是处分的一种,丙通过欺骗使得郑某处分财物,构成诈骗罪。

S2:将结论用"倒置三段论"的方式表达出来。

答案

1. 郑某和王某意图打破他人对摩托车的合法占有、建立新的占有,构成盗窃罪。其中,郑某是盗窃罪的正犯;王某引起郑某的犯意,成立盗窃罪的教唆犯。

2. 郑某在盗窃之后为了抗拒抓捕对第三人使用暴力,转化为抢劫罪,且在此过程中导致他人重伤,属于"抢劫致人重伤"。郑某的抢劫行为超出了王某的犯意,属于实行过限,王某仅构成盗窃罪。

3. 丙虚构事实,欺骗郑某处分财物,构成诈骗罪。

案 例 二

暴打精神病,父子双毙命

案情:

某日凌晨2时许,李某及其妻杜某在家中睡觉时被院内狗叫声吵醒。杜某走到院门口,看见同村精神病人刘甲(男,42岁)持尖刀刺其院门,并声称要"劫道"。杜某猛推刘甲一把,致其撞在院墙上受轻伤。后杜某返身逃走。(事实一)

李某见状，立即回院内取来一根铁管，并打电话通知村治保主任等人前来帮忙。刘甲又来到李某家厨房外，用尖刀割开厨房纱窗，李某用铁管打了刘甲一下，刘甲遂躲进院内玉米地。李某持铁管进玉米地寻找刘甲，在玉米地里与刘甲相遇。刘甲持尖刀袭击李某，李某持铁管击打刘甲。（事实二）

此时，刘甲的父亲刘乙为了寻找自己的儿子刘甲，进入李某家院内。见李某正与刘甲对打，想救李某，遂从地上拾起一根木棍走上前去，想要打掉刘甲手中的尖刀。（事实三）

李某未能认出刘乙，因天黑误以为其是刘甲的同伙，要袭击自己，随即用手中的铁管插了一下刘乙的胸部，致刘乙因气血胸倒地（重伤）。李某又打向持尖刀的刘甲的头部，致刘甲倒地受重伤。刘乙喊了一声"我是刘乙"就昏了过去。李某闻声停住，方知出错，以为刘乙已经死亡。（事实四）

杜某拿着手电筒赶来，发现躺在地上的刘甲、刘乙，就跟李某讲："打伤人了！这下麻烦大了！"夫妻二人蹲在地上想办法。李某说："算了，不管了，反正是刘甲先刺我的。"于是二人回屋。2小时后，村治保主任来屋内问情况。李某谎称"刘甲跑了"，隐瞒了人还在玉米地的情况。（事实五）

近中午时分，杜某去玉米地看，发现刘甲也无气息，遂跟李某说："不如把人埋了。"二人遂合力挖坑，把刘甲、刘乙的"尸体"埋入坑内。3天后，事情败露，公安人员从坑中将二人尸体挖出。经法医鉴定，刘甲系掩埋之前因重伤未及时救治而死亡，刘乙系掩埋之后窒息身亡。（事实六）

问题：请综合分析本案。如有观点展示，请写出。

解答思路

S1：逐段分析案情。

案件	重要事实	结论和理由
案件1	⊙ 精神病人刘甲（男，42岁）持尖刀刺其院门，并声称要"劫道"。 ⊙ 杜某猛推刘甲一把，致其撞在院墙上受轻伤。	[得出结论] 杜某属于正当防卫。 [分析过程] 精神病人的攻击也属于"不法侵害"，对此可以进行正当防卫。并且，正当防卫中造成轻伤的，一般不属于防卫过当。
案件2	⊙ 刘甲持尖刀袭击李某，李某持铁管击打刘甲。 ⊙ 李某谎称"刘甲跑了"，隐瞒了人还在玉米地的情况。 ⊙ 刘甲系掩埋之前因重伤未及时救治而亡。	[得出结论] 李某是否属于正当防卫有争议。如果将李某实施防卫的行为和不救助的行为视为一个整体，则李某属于正当防卫；如果分开评价李某的防卫行为和不救助行为，则由于正当防卫也产生救助义务，李某整体上属于防卫过当。
案件3	⊙（刘乙）从地上拾起一根木棍走上前去，想要打掉刘甲手中的尖刀。 ⊙ 李某未能认出刘乙，因天黑误以为是刘甲的同伙，以为要袭击自己，随即用手中的铁管捅了一下刘乙的胸部，致刘乙因气血胸倒地（重伤）。 ⊙（李某）以为刘乙已经死亡。 ⊙ 近中午时分，杜某去玉米地看，发现刘甲也无气息，遂跟李某说："不如把人埋了。"二人遂合力挖坑，把刘甲、刘乙的"尸体"埋入坑内。 ⊙ 刘乙系掩埋之后窒息身亡。	[得出结论] 李某是假想防卫；李某和杜某属于过失致人死亡罪。 [分析过程] 李某误以为存在不法侵害而"防卫"，造成重伤的，是假想防卫，构成过失致人重伤罪。又因为李某、杜某二人"埋尸"导致刘乙死亡，二人构成过失致人死亡罪。李某总体评价为过失致人死亡罪即可。

S2：将结论用"倒置三段论"的方式表达出来。

答案

1. 对于杜某导致刘甲轻伤一案，杜某构成正当防卫。精神病人持尖刀刺其院门的行为属于正在进行的<u>不法侵害</u>，杜某可以对此进行防卫。致刘甲轻伤没有超过防卫限度，属于<u>正当防卫</u>。

2. 对于李某导致刘甲死亡一案，存在两种观点：

观点1：如果将李某用铁管反击刘甲和后面不救助导致刘甲死亡的行为视<u>为一个整体</u>，则符合特殊防卫的条件，没有超出防卫限度，属于<u>正当防卫</u>；

观点2：如果认为李某用铁管将刘甲打倒在地已经达到防卫的必要限度，正当防卫产生救助义务，则之后不救助的行为单独构成<u>不作为的故意杀人罪</u>，与前行为结合，整体评价为防卫过当。

3. 李某误以为刘乙是不法侵害人而对刘乙进行"防卫"，属于假想防卫，导致刘乙重伤的，构成<u>过失致人重伤罪</u>；之后的"埋尸"行为导致刘乙死亡，整体评价为<u>过失致人死亡罪</u>。

杜某的"埋尸"行为导致刘乙死亡，构成过失致人死亡罪。

案例三
杀人放火偷手表，抢劫望风全想到

案情：

赵某与罗某因口角产生仇恨，赵某遂出资2万元雇请钱某去"教训一下"罗某。（事实一）

钱某同意，回家后将此事告诉其妻孙某，并让孙某为自己放风。孙某说："我才不去呢，你自己去吧。"但提示钱某说："把人打伤就行了，别把人打死了。"钱某答应。为此，钱某准备了一根用软实的厚胶布缠好的硬木棒。钱某又找到外甥李某（15周岁）帮忙，二人商量好一起去伤害罗某，事成之后分给李某5000元。（事实二）

为了保险起见，钱某找到以前的同伙周某，骗周某说："我要去罗某家抢劫，你帮我去放风吧。"周某起初不答应，钱某就恐吓周某："抢劫的事也告诉你了，你要不去的话，我明儿灭你的口。"周某被迫同意。（事实三）

第二天晚上，钱某与李某一起进入罗某家，周某在门外放风。钱某见床上有一人睡觉，认为是罗某，遂持硬木棒朝该人身上一顿乱击，将其打得不能动弹。李某暗想"不如砸死算了"，遂拎起一个板凳，朝该人头上猛砸几下。钱某先行离开，临走时，发现床头有一部手机（价值8000元），遂临时起意拿走。李某看见了没有

制止。(事实四)

李某在钱某走后,为了破坏现场,将房间内的一个电炉插上,并在上面扔了一个纸箱,想引火烧毁罗某家。李某出门后,钱某问李某:"你在后面磨蹭什么?"李某答:"我把屋里的电炉插上了,隔一会儿起火烧他个精光,免得留下证据。"钱某听到后也没说什么。(事实五)

二人发现门外没有周某的踪影。原来,周某见钱某、李某入户之后,越想越害怕,不一会儿就逃回家中。(事实六)

当晚,罗某家发生火灾,引起相邻数间房屋被烧毁。事后查明,当天罗某因事出差,睡在床上的是罗某患有心脏病的妻子张某,张某因遭受殴击(尸检证明身体伤情为轻伤、头部伤情为重伤),引发心脏病,当场身亡,并未死于火灾,但不能查明是何处伤情引发心脏病。(事实七)

案发之后,钱某感到罪行严重,到公安机关投案,如实供述自己的犯罪事实,但隐瞒了找李某、周某帮忙的情况。后钱某带领公安人员去抓获赵某,在半路上将赵某抓获,查明赵某此时正想前往公安机关投案。(事实八)

问题:综合分析各行为人的刑事责任。

解答思路

S1：逐段分析案情。

案 件	重要事实	结论和理由
案件1	⊙赵某与罗某因口角产生仇恨，赵某遂出资2万元雇请钱某去"教训一下"罗某。	[得出结论] 赵某是打击错误，构成故意伤害罪的教唆犯。 [分析过程] "教训一下"一般理解为具有伤害的故意。实行者钱某发生了对象错误，赵某是打击错误，存在两种观点。
案件2	⊙钱某同意，回家后将此事告诉其妻孙某，并让孙某为自己放风。孙某说："我才不去呢，你自己去吧。"但提示钱某说："把人打伤就行了，别把人打死了。"钱某答应。为此，钱某准备了一根用软实的厚胶布缠好的硬木棒。	[得出结论] 孙某降低了钱某的犯意，不构成犯罪。 [分析过程] 帮助犯中的"强化犯意"需要升高风险，降低风险的行为不是帮助。
案件3	⊙钱某又找到外甥李某（15周岁）帮忙，二人商量好一起去伤害罗某，事成之后分给李某5000元。 ⊙第二天晚上，钱某与李某一起进入罗某家，周某在门外放风。钱某见床上有一人睡觉，认为是罗某，遂持硬木棒朝该人身上一顿乱击，将其打得不能动弹。 ⊙李某暗想"不如砸死算了"，遂拎起一个板凳，朝该人头上猛砸几下。 ⊙事后查明，当天罗某因事出差，睡在床上的是罗某患有心脏病的妻子张某。 ⊙张某因遭受殴击（尸检证明身体伤情为轻伤、头部伤情为重伤），引发心脏病，当场身亡，并未死于火灾。但不能查明是何处伤情引发心脏病。	[得出结论] 钱某是故意伤害致人死亡；李某是故意杀人（既遂）。 [分析过程] 钱某和李某在故意伤害罪的范围内成立共同犯罪，其中，钱某构成故意伤害罪；李某用板凳猛砸被害人的头部，构成故意杀人罪。且由于二人成立共同犯罪，因此均对被害人的死亡结果负责。对象错误和狭义的因果关系错误均不影响二人对死亡结果负责。
	⊙钱某先行离开，临走时，发现床头有一部手机（价值8000元），遂临时起意拿走。 ⊙李某看见了没有制止。	[得出结论] 钱某构成盗窃罪；李某没有制止义务。 [分析过程] 钱某的盗窃行为并非二人的共同伤害行为引起，李某对钱某的盗窃行为没有制止义务。

续表

案 件	重要事实	结论和理由
案件3	⊙李某在钱某走后，为了破坏现场，将房间内的一个电炉插上，并在上面扔了一个纸箱，想引火烧毁罗某家。 ⊙李某出门后，钱某问李某："你在后面磨蹭什么？"李某答："我把屋里的电炉插上了，隔一会儿起火烧他个精光，免得留下证据。"钱某听到后也没说什么。 ⊙当晚，罗某家发生火灾，引起相邻数间房屋被烧毁。	[得出结论] 李某构成放火罪；钱某有制止义务。 [分析过程] 李某实施的放火行为是为二人之前的共同伤害行为破坏现场，因此，钱某对李某的放火行为有制止义务。
案件4	⊙为了保险起见，钱某找到以前的同伙周某，骗周某说："我要去罗某家抢劫，你帮我去放风吧。" ⊙周某起初不答应，钱某就恐吓周某："抢劫的事也告诉你了，你要不去的话，我明儿灭你的口。"周某被迫同意。	[得出结论] 周某构成故意杀人罪的胁从犯、故意伤害罪的胁从犯、盗窃罪的胁从犯，从一重罪处罚。 [分析过程] 周某是帮助犯、胁从犯，且主观上有抢劫的故意。钱某和李某分别实施了故意伤害、盗窃、故意杀人三个行为，且都在抢劫罪的故意当中（抢劫的故意包含了伤害、盗窃、杀人的故意），因此，周某构成三罪的胁从犯。
案件5	⊙案发之后，钱某感到罪行严重，到公安机关投案，如实供述自己的犯罪事实，但隐瞒了找李某、周某帮忙的情况。	[得出结论] 钱某不属于自首，但属于立功。 [分析过程] 自首需要供述同案犯，钱某隐瞒关键同案犯李某、周某帮忙的情况，不属于自首。钱某帮助抓获赵某，属于立功。
	⊙后钱某带领公安人员去抓获赵某，在半路上将赵某抓获，查明赵某此时正想前往公安机关投案。	[得出结论] 赵某属于自首。 [分析过程] 在自首途中被抓获的，不影响自首的成立。

附：人物关系图

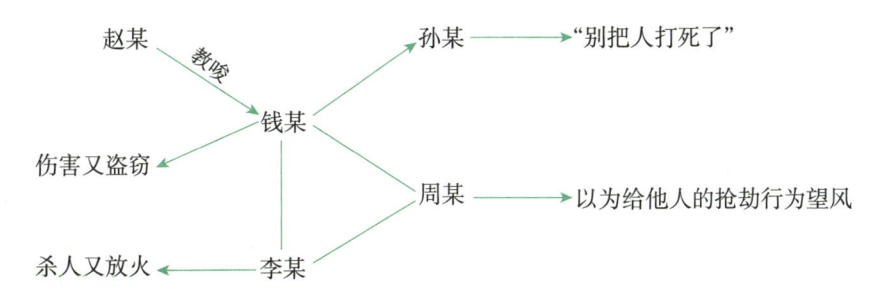

S2：将结论用"倒置三段论"的方式表达出来。

> **答案**

1. 赵某教唆钱某实施伤害行为，构成故意伤害罪的教唆犯。由于钱某发生了对象错误，对赵某而言是打击错误，因此对于赵某的定性有两种观点：

观点1：赵某主观上意图伤害他人，客观上也导致他人死亡，成立故意伤害致人死亡；

观点2：赵某主观上意图伤害罗某，但未能得逞，客观上过失导致张某死亡，成立故意伤害罪（未遂）和过失致人死亡罪，从一重罪处罚。

2. 孙某与钱某不构成共同犯罪。孙某没有提供物理或心理上的帮助，也没有升高风险，不构成帮助犯，不属于共同犯罪。

3. （1）李某与钱某分别实施了杀人行为和伤害行为，二人在故意伤害的范围内成立共同犯罪，是共同正犯。李某与钱某发生了对象错误和狭义的因果关系错误，但不影响故意的认定，且都对死亡结果负责。其中，钱某有伤害的故意，构成故意伤害致人死亡；李某有杀人的故意，构成故意杀人罪（既遂）。

（2）钱某打破他人占有、建立新的占有，构成盗窃罪，且属于入户盗窃。钱某的盗窃行为并非二人的共同伤害行为引起，与二人的共同伤害行为无关，李某只是一同入户，没有升高（增加）财产法益受到侵害的风险，因此没有制止义务。

（3）李某故意引火危及公共安全，构成放火罪。李某实施的放火行为是为二人之前的共同伤害行为破坏现场，因此是由之前的共同行为引起的。钱某对李某的放火行为有制止义务，其构成不作为的放火罪。

4. （1）周某主观上帮助抢劫的故意中包含了杀人和伤害的故意，因此成立故意杀人罪和故意伤害罪的帮助犯。另外，周某客观上为钱某的盗窃行为提供了帮助，主观上抢劫的故意包含了盗窃的故意，因此成立盗窃罪的帮助犯。此外，周某系被胁迫犯罪，属于胁从犯，应当按照他的犯罪情节减轻或者免除处罚。综上所述，周某构成故意杀人罪的胁从犯、故意伤害罪的胁从犯、盗窃罪的胁从犯，从一重罪处罚。

（2）周某中途逃离，但没有切断心理帮助，不属于共犯脱离，成立犯罪既遂。

5. （1）钱某隐瞒关键同案犯李某、周某帮忙的情况，不属于自首。钱某帮助抓获赵某，属于立功。

（2）在自首途中被抓获的，不影响自首的成立，因此，赵某属于自首。

案例四

"洪、白、吴各怀鬼胎"案

案情：

洪某想控制赵某向其妻子索要财物。洪某找到白某，欺骗白某称赵某欠自己一

笔债务，白某答应帮助其索要。2022年3月4日，洪某和白某将赵某关押在地下室，准备向其妻子林某索要财物。(事实一)

赵某为了不让林某担心，提出要自己给林某打电话。在电话中，赵某称自己急需用钱，并约定了交付财物的地点。洪某和白某约定好，3月6日，白某去取钱，洪某继续关押赵某。(事实二)

3月6日，洪某联系不上白某，情急之下，只能找到朋友吴某。洪某向吴某说了事情的全部真相，请求吴某帮助其从林某处拿赎金，并分吴某1万元作为酬谢。吴某同意。(事实三)

吴某到了会面地点之后，林某发现不是自己的老公，心生怀疑，便不肯将钱交给吴某。吴某拿出随身携带的刀要挟林某，林某不得已将钱交给吴某。吴某随即驾车逃跑，在严重超速的情况下将路人孙某撞死。(事实四)

吴某为了不让孙某的身份被人知道，将孙某的手机、身份证带到江边准备丢弃。到了江边，吴某改变心意，将孙某的手机据为己有。吴某之后携带赎金潜逃，洪某也无法联系到。洪某走投无路之下自首。(事实五)

洪某交代，其实在3月5日，洪某发现赵某试图逃跑，就掐住赵某脖子，导致其窒息死亡。此外，洪某交代了白某的犯罪事实，并且带领警方到白某家中，将白某抓获。(事实六)

白某被抓获后，也交代了犯罪事实，并称其3月4日控制赵某后就心生悔意，但不敢跟洪某说，于是从3月5日开始躲在家中没有出现。(事实七)

另查明，林某是民营企业出纳，其为了交付赎金，将自己保管的公司财物取出，并将账目做平，使得一般人无法发现。(事实八)

问题：综合分析各行为人的刑事责任。

解答思路

S1：逐段分析案情。

案 件	重要事实	结论和理由
案件1	○洪某想控制赵某向其妻子索要财物。洪某找到白某，欺骗白某称赵某欠自己一笔债务，白某答应帮助其索要。	[得出结论] 洪某有非法占有目的；白某没有非法占有目的。 [分析过程] 非法拘禁罪没有非法占有目的（不想白嫖），这是和抢劫罪、绑架罪的核心区别。
	○2022年3月4日，洪某和白某将赵某关押在地下室，准备向其妻子林某索要财物。 ○赵某为了不让林某担心，提出要自己给林某打电话。在电话中，赵某称自己急需用钱。	[得出结论] 洪某和白某在非法拘禁的范围内成立共同犯罪。 [分析过程] 控制时的目的决定了犯罪的性质。如果控制的时候向第三人索要财物，则是绑架罪；如果控制的时候向被控制者本人索要财物，则是抢劫罪。之后财物来源发生变化的，不影响犯罪性质。
	○洪某交代，其实在3月5日，洪某发现赵某试图逃跑，就掐住赵某脖子，导致其窒息死亡。	[得出结论] 洪某属于"绑架并杀害被绑架人"；白某是非法拘禁致人死亡。 [分析过程] 洪某在绑架之后非法剥夺他人生命，属于"绑架并杀害被绑架人"，加重处罚。白某对洪某的杀人行为没有预见可能性，但是由于其具有非法拘禁的故意，对被害人的死亡结果有预见可能性，因此，白某属于非法拘禁致人死亡。
	○3月6日，洪某联系不上白某。 ○白某被抓获后，也交代了犯罪事实，并称其3月4日控制赵某后就心生悔意，但不敢跟洪某说，于是从3月5日开始躲在家中没有出现。	[得出结论] 白某是犯罪既遂。 [分析过程] 白某控制被害人，已经是犯罪既遂，不可能再成立共犯脱离。

案 件	重要事实	结论和理由
案件2	⊙洪某联系不上白某，情急之下，只能找到朋友吴某。洪某向吴某说了事情的全部真相，请求吴某帮助其从林某处拿赎金，并分吴某1万元作为酬谢。吴某同意。	[得出结论] 吴某是绑架罪的承继共犯，成立绑架罪。 [分析过程] 原则上，只有在他人犯罪既遂之前加入，才能成立承继共犯。但在继续犯的场合，即使前行为已经既遂，在不法状态继续过程中加入的，也成立承继共犯。本案中，虽然洪某的绑架已经既遂，但由于绑架罪是继续犯，因此，吴某在洪某既遂后加入，帮助勒索财物的，成立绑架罪的承继共犯。又由于承继共犯的处理原则是和前行为人适用同一罪名，但对前行为人造成的重伤、死亡等结果不负责（"罪名共用、责任分担"），因此，吴某构成绑架罪，但不属于"绑架并杀害被绑架人"。
	⊙吴某到了会面地点之后，林某发现不是自己的老公，心生怀疑，便不肯将钱交给吴某。吴某拿出随身携带的刀要挟林某，林某不得已将钱交给吴某。	[得出结论] 吴某以暴力相威胁取得财物，构成抢劫罪。
	⊙吴某随即驾车逃跑，在严重超速的情况下将路人孙某撞死。	[得出结论] 吴某构成交通肇事罪，与抢劫罪数罪并罚。 [分析过程] 结果加重犯要求"常见、常发、常伴随"。本案中，由于不是抢劫行为本身导致他人死亡，因此不能评价为"抢劫致人死亡"。
	⊙吴某为了不让孙某的身份被人知道，将孙某的手机、身份证带到江边准备丢弃。到了江边，吴某改变心意，将孙某的手机据为己有。	[得出结论] 吴某构成故意毁坏财物罪（中止）与侵占罪，数罪并罚。 [分析过程] 吴某在拿走手机的时候没有非法占有目的，不构成盗窃罪。吴某先意图毁坏财物，但中途放弃，成立故意毁坏财物罪（中止）；之后将手机据为己有的行为构成侵占罪，数罪并罚。
	⊙吴某之后携带赎金潜逃。	[得出结论] 吴某将赎金侵吞的行为，可能构成侵占罪或者无罪。 [分析过程] 洪某对赎金这一非法财产的利益是否受到刑法保护？如果答案是肯定的，吴某构成侵占罪；如果答案是否定的，吴某不构成侵占罪。

续表

案　件	重要事实	结论和理由
案件 3	⊙洪某交代，其实在3月5日，洪某发现赵某试图逃跑，就掐住赵某脖子，导致其窒息死亡。此外，洪某交代了白某的犯罪事实。	[得出结论] 洪某属于自首。 [分析过程] 自首需要交代自己的犯罪事实以及同案犯的犯罪事实。本案中，洪某交代自己和白某的犯罪事实，属于自首。
	⊙（洪某）带领警方到白某家中，将白某抓获。	[得出结论] 洪某帮助抓获犯罪的人，属于立功。
	⊙白某被抓获后，也交代了犯罪事实。	[得出结论] 白某属于坦白。 [分析过程] 由于白某的犯罪事实已经被洪某揭发，白某交代公安机关已经掌握的犯罪事实，属于坦白。
案件 4	⊙林某是民营企业出纳，其为了交付赎金，将自己保管的公司财物取出，并将账目做平，使得一般人无法发现。	[得出结论] 林某构成职务侵占罪。 [分析过程] 林某作为民营企业出纳，利用职务之便侵吞公司财物，构成职务侵占罪。

S2：将结论用"倒置三段论"的方式表达出来。

> 答　案

1. 洪某和白某在非法拘禁的范围内成立共同犯罪。洪某具有非法占有目的，白某没有非法占有目的，二人共同控制赵某，向第三人索要财物。洪某构成绑架罪，白某构成非法拘禁罪。洪某在绑架之后非法剥夺他人生命，属于"绑架并杀害被绑架人"，加重处罚。白某对洪某的杀人行为没有预见可能性，但是由于其具有非法拘禁的故意，对被害人的死亡结果有预见可能性，因此，白某属于非法拘禁致人死亡。白某控制被害人，已经是犯罪既遂，即使之后没有参与取财的行为，也不可能再成立共犯脱离。

2. 吴某在洪某绑架罪既遂之后加入，成立绑架罪的承继共犯。由于吴某加入时被害人已经死亡，因此，吴某不属于"绑架并杀害被绑架人"。在取财过程中，吴某以暴力相威胁取得财物，构成抢劫罪，但孙某的死亡不是抢劫本身所致，因此不能评价为"抢劫致人死亡"，只能评价为交通肇事罪，与抢劫罪数罪并罚。

3. 对于孙某的手机，吴某在取走手机的时候没有非法占有目的，不构成盗窃罪。吴某先意图毁坏财物，但放弃，成立故意毁坏财物罪（中止）；之后将手机据为己有，变占有为所有，构成侵占罪，数罪并罚。

4. 对于吴某侵吞赎金的行为，存在两种观点：
观点1：如果认为洪某对赎金这一非法财产的利益受到刑法保护，吴某还构成侵占罪；
观点2：如果认为洪某对赎金这一非法财产的利益不受刑法保护，吴某不构成侵占罪。

5. （1）洪某交代自己和同案犯白某的犯罪事实，属于自首；洪某帮助抓获犯罪的人，属于立功。

（2）白某主动交代公安机关已经掌握的犯罪事实，属于坦白，从宽处罚。

6. 林某作为民营企业出纳，利用职务之便侵吞公司财物，构成职务侵占罪。

案 例 五
夫妻共谋奸杀案

案情：

白某（男）曾因抢劫罪而被判处有期徒刑5年。2002年1月1日，白某在有期徒刑执行3年整（没有执行完毕的刑期为2年整）时被假释，之后与谭某（女）结婚。谭某有外遇，白某发现后与谭某长期吵闹，谭某与白某商量："我帮你找个女孩儿让你搞，我们扯平。"（事实一）

2003年2月1日，谭某上街时以身体不适为由，骗取被害人林某（女）的信任，让林某将其送回了家。在其家中，谭某骗林某喝下掺有迷药的饮料，趁林某昏迷后，谭某让其丈夫白某对林某实施强奸。后二人将林某用绳子勒死，并掩埋尸体。因林某家属报案称林某失踪，公安机关立案，但并未破获该案。（事实二）

2016年3月1日，白某进入a某家入户盗窃数额较大的财物。（事实三）

2018年4月1日，谭某怀孕，又与白某产生争吵，胎位不正，疑受报应。谭某前往公安机关投案。此时，白某逃往外地，谭某因怀有身孕被公安机关监视居住，后趁去医院做产检的途中逃匿。公安机关将二人信息录入全国在逃人员信息库。2018年5月1日，谭某在外逃途中流产，经母亲劝说，谭某准备回乡投案，在途中被公安机关抓获。谭某如实供述了骗林某喝迷药的事实，但隐瞒了与白某一起勒死林某的事实（说是白某一人所为）。后谭某向公安机关提供了犯罪后其知悉的白某在外地的手机号码，但公安机关赶到时，白某已闻风逃走。（事实四）

2018年6月1日，白某在逃途中盗窃b某信用卡并使用，数额较大，因此在外地被抓。在公安人员讯问时，白某起初使用假名，后经讯问人员做思想工作，如实交代了自己的真名，并供述了自己在2003年实施的强奸杀人事实，以及2016年盗窃a某家的事实，并揭发谭某参与杀人的事实。（事实五）

问题：综合分析各行为人的定性和量刑问题。

解答思路

S1：逐段分析案情。

案 件	重要事实	结论和理由
案件1	⊙ 谭某上街时以身体不适为由，骗取被害人林某（女）的信任，让林某将其送回了家。在其家中，谭某骗林某喝下掺有迷药的饮料，趁林某昏迷后，谭某让其丈夫白某对林某实施强奸。	[得出结论] 白某和谭某成立强奸罪的共同犯罪。
	⊙（2003年2月1日）二人将林某用绳子勒死。	[得出结论] 白某和谭某强奸之后杀人，数罪并罚。 [分析过程] 强奸致人死亡必须是强奸行为本身过失致人死亡。如果是强奸之后故意杀人，则应数罪并罚。
	⊙ 白某（男）曾因抢劫罪而被判处有期徒刑5年。2002年1月1日，白某在有期徒刑执行3年整（没有执行完毕的刑期为2年整）时被假释。	[得出结论] 白某不是累犯。 [分析过程] 累犯是从假释考验期满起算5年，因此假释考验期内犯罪的，不是累犯。

续表

案　件	重要事实	结论和理由
案件 2	◎2016 年 3 月 1 日，白某进入 a 某家入户盗窃数额较大的财物。	[得出结论] 强奸罪和故意杀人罪的追诉时效中断（重新计算）。 [分析过程] 白某的强奸罪和故意杀人罪的追诉时效分别为 15 年、20 年，从 2003 年起算，在 2016 年均未超过追诉时效。由于 2016 年白某又犯盗窃罪，因此强奸罪和故意杀人罪的追诉时效从 2016 年重新计算。
案件 3	◎谭某前往公安机关投案。此时，白某逃往外地，谭某因怀有身孕被公安机关监视居住，后趁去医院做产检的途中逃匿。 ◎经母亲劝说，谭某准备回乡投案，在途中被公安机关抓获。	[得出结论] 谭某成立自首。 [分析过程] 谭某投案后逃跑，但之后又投案的，不影响自首的成立。在投案途中被抓获的，不影响自首的成立。在亲人规劝下自首的，不影响自首的成立。
案件 3	◎谭某如实供述了骗林某喝迷药的事实，但隐瞒了与白某一起勒死林某的事实。	[得出结论] 谭某对强奸罪成立自首。 [分析过程] 犯罪嫌疑人交代部分犯罪事实的，对交代的部分成立自首。
	◎后谭某向公安机关提供了犯罪后其知悉的白某在外地的手机号码，但公安机关赶到时，白某已闻风逃走。	[得出结论] 谭某不成立立功。 [分析过程] 谭某向公安机关提供的同案犯的手机号码属于基本信息，且对抓捕犯人没有起到实际作用，不成立立功。
案件 4	◎2018 年 6 月 1 日。	[得出结论] 故意杀人罪、强奸罪、盗窃罪均未超过追诉时效。 [分析过程] 由于故意杀人罪（追诉时效 20 年）、强奸罪（追诉时效 15 年）的追诉时效从 2016 年开始重算，盗窃罪追诉时效是 5 年，因此到 2018 年，均没有超过追诉时效。
	◎白某在逃途中盗窃 b 某信用卡并使用，数额较大，因此在外地被抓。	[得出结论] 白某构成盗窃罪。 [分析过程] 盗窃信用卡并使用，构成盗窃罪。
	◎（白某）如实交代了自己的真名，并供述了自己在 2003 年实施的强奸杀人事实。	[得出结论] 白某不成立自首。 [分析过程] 白某强奸、杀人的事实已经被公安机关掌握。

续表

案 件	重要事实	结论和理由
案件4	⊙（白某如实交代了自己）2016年盗窃a某家的事实。	［得出结论］白某不成立自首。 ［分析过程］供述同种罪行一般不认定自首。白某对"进入a某家盗窃"的罪行不成立自首。
	⊙（白某）揭发谭某参与杀人的事实。	［得出结论］白某不成立自首，也不成立立功。 ［分析过程］白某没有自动投案，其杀人事实也已被公安机关知道，白某对杀人行为不成立自首；同时，谭某的杀人行为不属于其他人的独立犯罪事实，因此，白某也不成立立功。

S2：将结论用"倒置三段论"的方式表达出来。

> **答 案**

1. 谭某和白某压制他人反抗，强行与他人发生性关系，构成强奸罪的共同正犯。之后二人非法剥夺他人生命，构成故意杀人罪，与强奸罪数罪并罚。白某在假释考验期间犯新罪，不属于刑罚执行完毕前犯罪，不构成累犯。应当撤销假释，先减后并。

2. 白某入户实施盗窃行为，构成盗窃罪，且属于"入户盗窃"。白某的强奸罪和故意杀人罪的追诉时效分别为15年、20年，从2003年起算，在2016年均未超过追诉时效。由于2016年白某又犯盗窃罪，强奸罪和故意杀人罪的追诉时效从2016年重新计算。

3. 谭某供述强奸事实，对强奸罪成立自首。谭某在投案后逃跑又自动投案，虽然投案后逃跑不成立自首，但不影响最后一次投案的认定。谭某在投案途中被抓获，也不影响自首的认定。谭某向公安机关提供的同案犯的手机号码属于基本信息，且对抓捕犯人没有起到实际作用，不成立立功。

4. （1）由于故意杀人罪（追诉时效20年）、强奸罪（追诉时效15年）的追诉时效从2016年重新计算，盗窃罪追诉时效是5年，因此到2018年，均没有超过追诉时效。

（2）白某对强奸和故意杀人罪行的供述不是自首。由于强奸、杀人事实已经录入全国在逃信息库，系司法机关已经掌握的罪行，白某既没有自动投案，又没有如实供述司法机关还未掌握的本人其他罪行，因此不属于自首。

（3）对于盗窃a某家一案，白某因为盗窃罪被抓，与其供述的事实罪名相同，不属于特别自首。

（4）白某没有交代与自己无关的、他人的犯罪事实，不属于立功。

（5）此外，白某的两次盗窃不属于累犯。累犯是从假释考验期满之日，即2004年起算，两次盗窃行为发生在 2016 年和 2018 年，不在 2004 年起算的 5 年内，不属于累犯。

案例六
抢劫又刷卡，还把警察打

案情：

胡某、刘某系多年好友。二人开车到公交站台，刘某在站台假装挤公交，趁乱将王某的钱包拿走，胡某在旁边望风和做接应。刘某得手之后，胡某和刘某随即上车，准备开车逃离现场。（事实一）

王某发现钱包丢失，大叫"别走"，胡某迅即启动汽车，王某扑向胡某车前的风挡，抓住雨刮器。刘某对胡某说："太危险啦，你这速度会死人的，快停车。"胡某说："这是他自寻死路。"后胡某仍然拼命加速，致王某被拖行摔倒在地。（事实二）

胡某看到王某倒地不起，以为王某已经死了，就对刘某说："他自作自受，我们俩把尸体处理了吧。"刘某发现王某还没死，但没有作声。二人一同将王某扔到桥洞下面。期间，刘某发现了王某的身份证和钱包（内有现金 6000 元和信用卡一张），将其拿走。胡某看到后也没有说什么。（事实三）

二人离开现场时，遇到便衣警察李某，李某上前揪住二人，不让二人离开。胡某大喊："有劫匪啊，给他点教训尝尝。"刘某信以为真，对李某实施殴打，将李某打成轻伤。胡某提前离开。李某对刘某说："我是警察，是来带你们回去的，现在不能动了，能扶我起来吗？"刘某看了李某的证件，相信李某的身份，但拒绝救助李某，导致李某在雪地里被冻死。（事实四）

3 天之后，刘某使用王某的信用卡，分两次在商场的 POS 机上刷卡消费 6 万元。公安机关通过消费记录找到刘某消费的商场，以此为线索找到了涉案的胡某、刘某，将二人逮捕归案。（事实五）

后查明，王某死因系在桥洞下被冻死，在之前因为车辆拖行受重伤。还查明，胡某早前就认识李某，知道李某是便衣警察，但刘某不知道。（事实六）

问题： 请结合《刑法》以及相关理论，分析胡某和刘某的刑事责任，如有不同观点，需列举。

解答思路

S1：逐段分析案情。

案 件	重要事实	结论和理由
案件 1	⊙刘某在站台假装挤公交，趁乱将王某的钱包拿走。	[得出结论] 刘某是扒窃。
	⊙胡某在旁边望风和做接应。	[得出结论] 刘某是正犯；胡某是帮助犯。
案件 2	⊙胡某迅即启动汽车，王某扑向胡某车前的风挡，抓住雨刮器。 ⊙刘某对胡某说："太危险啦，你这速度会死人的，快停车。"	[得出结论] 胡某触犯故意杀人罪，整体转化为抢劫罪。 [分析过程] "拖行致人死亡"表明胡某具有故意，刘某"你这速度会死人的"印证了车速已经达到了杀人的程度，胡某触犯故意杀人罪。 　胡某在盗窃之后为了抗拒抓捕使用暴力，转化为抢劫。 　至于胡某要不要构成"抢劫致人死亡"，在案件 3 中加以分析。
	⊙刘某对胡某说："太危险啦，你这速度会死人的，快停车。"	[得出结论] 刘某在该事实中不对死亡结果负责。 [分析过程] 刘某没有杀人的故意，也没有参与胡某的杀人行为，不转化为抢劫罪，也不对死亡结果负责。

续表

案　件	重要事实	结论和理由
案件3	⊙ 胡某看到王某倒地不起，以为王某已经死了。 ⊙ 二人一同将王某扔到桥洞下面。 ⊙ 后查明，王某死因系在桥洞下被冻死。	[得出结论] 胡某认定为抢劫致人死亡，或者抢劫致人重伤与过失致人死亡罪数罪并罚。 [分析过程] 胡某对死亡结果负责，且胡某属于事前故意。如果将死亡结果归属于抢劫行为，则胡某属于抢劫致人死亡；如果将死亡结果归属于"抛尸"行为，则胡某属于抢劫致人重伤，与过失致人死亡罪数罪并罚。
	⊙ 刘某发现王某还没死，但没有作声。 ⊙ 二人一同将王某扔到桥洞下面。 ⊙ 后查明，王某死因系在桥洞下被冻死。	[得出结论] 刘某构成故意杀人罪。 [分析过程] 刘某明知被害人王某没死，还亲自动手实施杀人行为，构成故意杀人罪。
案件4	⊙ 胡某大喊："有劫匪啊，给他点教训尝尝。" ⊙ 胡某早前就认识李某，知道李某是便衣警察。	[得出结论] 胡某是故意伤害致人死亡的间接正犯，同时也是袭警罪的间接正犯，从一重罪处罚。 [分析过程] 胡某利用不知情的刘某实施"防卫"，且"教训"一词表明胡某有伤害的故意，且对李某的死亡结果有预见，成立故意伤害致人死亡，是间接正犯，同时也是袭警罪的间接正犯，从一重罪处罚。
	⊙ 刘某信以为真，对李某实施殴打，将李某打成轻伤。	[得出结论] 刘某是假想防卫，但不构成犯罪。 [分析过程] 假想防卫一般以过失处理，但过失致人轻伤没有被规定为犯罪，因此该事实中，刘某不构成犯罪。
	⊙ 刘某看了李某的证件，相信李某的身份，但拒绝救助李某，导致李某在雪地里被冻死。	[得出结论] 刘某构成不作为的故意杀人罪。 [分析过程] 刘某将李某打成轻伤，虽然无罪，但该行为升高了对方死亡的风险，产生了救助义务，刘某构成不作为的故意杀人罪。
案件5	⊙ 刘某发现了王某的身份证和钱包（内有现金6000元和信用卡一张），将其拿走。	[得出结论] 刘某构成盗窃罪。 [分析过程] 死者能否占有的问题存在观点展示，但此时王某还没死，客观上占有财物，因此，刘某只可能是盗窃，不是侵占。
	⊙ 胡某看到后也没有说什么。	[得出结论] 胡某没有制止义务。 [分析过程] 胡某的人身犯罪没有升高侵害财产法益的风险，因此，其对刘某的盗窃行为没有制止义务，不构成犯罪。

案 件	重要事实	结论和理由
案件5	⊙3天之后，刘某使用王某的信用卡，分两次在商场的POS机上刷卡消费6万元。	[得出结论] 刘某盗窃信用卡并使用，构成盗窃罪，与6000元数额累计计算。

S2：将结论用"倒置三段论"的方式表达出来。

答 案

1. 事实一中，胡某和刘某在公共场合盗窃他人财物，构成盗窃罪，且属于"扒窃"。二人触犯盗窃罪的共同犯罪，其中，刘某是正犯，胡某是帮助犯。

2.（1）事实二中，在王某抓住雨刮器、刘某告知会导致死亡的情况下，胡某仍然加速，对死亡结果持放任的态度。胡某的罪过形式为间接故意，而非过失，触犯故意杀人罪。胡某在实施盗窃后为了抗拒抓捕使用暴力，转化为抢劫罪，属于"抢劫致人死亡"。

（2）对于胡某的突然加速，刘某不存在杀人的故意，胡某的行为超出了共同犯罪的故意，因此针对胡某加速导致被害人王某死亡这一事实，刘某不承担责任。

3.（1）事实三中，胡某属于事前故意，对此有两种观点：

观点1：胡某在抢劫中实施杀人行为，导致他人死亡，构成抢劫致人死亡。

观点2：胡某在抢劫中实施杀人行为，但仅导致他人重伤的结果；之后的"抛尸"行为过失导致他人死亡，构成抢劫致人重伤与过失致人死亡罪，数罪并罚。

（2）刘某主观上具有杀人的故意，客观上亲手非法剥夺他人生命，构成故意杀人罪的直接正犯。

4.（1）事实四中，刘某属于假想防卫，不构成故意犯罪。由于过失导致他人轻伤的不构成犯罪，因此，刘某将李某打成轻伤无罪。但刘某制造了风险，有义务消除，具有基于先前行为产生的作为义务，构成不作为的故意杀人罪。

（2）胡某利用刘某不知情的行为实施伤害，且导致他人死亡，属于故意伤害致人死亡的间接正犯，同时构成袭警罪的间接正犯，从一重罪，认定为故意伤害致人死亡。

5.（1）事实三、事实五中，王某未死亡时，客观上占有身上的财物。刘某从王某的钱包中取出6000元，构成盗窃罪；刘某盗窃信用卡并使用，构成盗窃罪，数额累计计算。

（2）胡某的人身犯罪没有升高侵害财产法益的风险，因此，其对刘某的盗窃行为没有制止义务，不构成犯罪。

案例七

"逼人下海"案

案情：

2017年5月25日11时许，颜某（17周岁）、韩某（当天16周岁生日）发现周某（13周岁）正在盗窃颜某的自行车。为了拿回自行车，颜某、韩某分别手持石块、扳手，击打周某头部等处，致周某头皮裂创（轻伤）。（事实一）

周某挣脱逃跑，颜某、韩某分头继续追赶周某，周某被追赶到货船上，见无路可逃便跳入河中。周某向前游了数米后又往回游，在水中挣扎，并向船上的颜某、韩某二人呼救。货船主人蒋某告诫二人："要出人命了！"船上虽有救生圈，但二人却无动于衷。（事实二）

此时，周某抓住了货船边的一条绳子，蒋某想将周某拉起。颜某见状，用扳手顶着蒋某脑袋，呵斥道："谁叫你拉的？把绳子解掉，不然打爆你的头！"蒋某被迫将绳子解掉。（事实三）

半小时后，颜某、韩某二人直到看见周某逐渐沉入水中、不见身影，才下船离开。在此期间，当地检察院的一位检察官张某一直在一旁观看，也没有救助。（事实四）

公安人员接警后赶至事发地点，欲抓捕颜某、韩某二人。韩某暴力拒捕，将一名干警打成重伤。颜某趁机逃跑。（事实五）

颜某逃跑时推了一名围观群众，导致该群众朱某倒地后心脏病发作死亡。（事实六）

后公安人员将周某打捞上来时，周某已溺水身亡。（事实七）

问题： 综合案情，分析各行为人的刑事责任。

解答思路

S1：逐段分析案情。

案 件	重要事实	结论和理由
案件1	⊙颜某、韩某发现周某正在盗窃颜某的自行车。为了拿回自行车，颜某、韩某分别手持石块、扳手，击打周某头部等处，致周某头皮裂创（轻伤）。	[得出结论] 颜某、韩某属于正当防卫。 [分析过程] 正当防卫中，造成轻伤的，一般不属于防卫过当。
案件2	⊙周某向前游了数米后又往回游，在水中挣扎，并向船上的颜某、韩某二人呼救。货船主人蒋某告诫二人："要出人命了！"船上虽有救生圈，但二人却无动于衷。 ⊙半小时后，颜某、韩某二人直到看见周某逐渐沉入水中、不见身影，才下船离开。 ⊙后公安人员将周某打捞上来时，周某已溺水身亡。	[得出结论] 颜某、韩某有救助义务，构成不作为的故意杀人罪。 [分析过程] 虽然制止小偷的不法侵害行为可以成立正当防卫，但不法侵害结束之后，颜某、韩某将他人追入河中的，基于创造风险的先前行为，颜某、韩某有救助义务，构成不作为的故意杀人罪。
	⊙颜某见状，用扳手顶着蒋某脑袋，呵斥道："谁叫你拉的？把绳子解掉，不然打爆你的头！"	[得出结论] 颜某构成故意杀人罪（间接正犯）。 [分析过程] 颜某有救助义务，其以胁迫的方式支配蒋某实施杀人行为，构成故意杀人罪（间接正犯），同时吸收前面的不作为犯罪，整体评价为故意杀人罪一罪即可。
	⊙蒋某被迫将绳子解掉。	[得出结论] 蒋某不构成犯罪。 [分析过程] 蒋某为了保全自己的生命而牺牲了他人的生命，属于缺乏期待可能性的行为，不构成犯罪。由于生命不得紧急避险，因此，蒋某不属于紧急避险。
案件3	⊙当地检察院的一位检察官张某一直在一旁观看，也没有救助。	[得出结论] 张某无罪。 [分析过程] 张某只是普通公务员，没有救助义务，不构成犯罪。

续表

案 件	重要事实	结论和理由
案件4	⊙颜某（17周岁）、韩某（当天16周岁生日）。 ⊙公安人员接警后赶至事发地点，欲抓捕颜某、韩某二人。韩某暴力拒捕，将一名干警打成重伤。颜某趁机逃跑。	[得出结论] 韩某构成故意伤害致人重伤；颜某对此不负责。 [分析过程] 16周岁生日当天是15周岁，只对故意杀人、故意伤害致人重伤或者死亡、强奸、抢劫、贩卖毒品、放火、爆炸、投放危险物质罪八类犯罪负责。因此，韩某只对故意伤害致人重伤行为承担刑事责任。颜某没有参与，对此不负责。
案件5	⊙颜某逃跑时推了一名围观群众，导致该群众朱某倒地后心脏病发作死亡。	[得出结论] 颜某构成过失致人死亡罪。 [分析过程] 如果没有颜某推人的行为，被害人朱某不会死亡，因此，二者之间有因果关系。且一般的"心脏病"不是特殊体质（"先天性心脏病"才是特殊体质），因此，颜某主观上有过失，构成过失致人死亡罪。

S2：将结论用"倒置三段论"的方式表达出来。

答 案

1. 关于事实一，周某的盗窃行为属于"不法侵害"，颜某、韩某可以对此进行防卫，且造成轻伤结果的，没有超出必要限度，颜某、韩某属于正当防卫。

2.（1）关于事实二和事实三，颜某、韩某将被害人周某赶入河中，在能够救助的情况下没有救助，且主观上追求被害人死亡的结果，系直接故意，因此，基于先前行为，构成不作为的故意杀人罪；

（2）并且，颜某通过胁迫的方式支配蒋某实施了杀人行为，构成故意杀人罪（间接正犯），吸收前面的不作为犯，整体评价为故意杀人罪一罪即可；

（3）蒋某造成他人死亡的结果，不属于紧急避险，但因缺乏期待可能性，不构成犯罪。

3. 关于事实四，张某只对自己职责范围内的事务有作为义务，其没有救助周某的义务，不构成犯罪。

4. 关于事实五，韩某不满16周岁，不对袭警罪或者妨害公务罪承担刑事责任。其只对故意伤害致人重伤行为承担刑事责任，构成故意伤害致人重伤。颜某没有参与，对此不负责。

5. 关于事实六，客观上，根据条件说，朱某的死亡结果与颜某的行为具有因果关系；主观上，颜某应当预见但未预见朱某的死亡结果，属于疏忽大意的过失，构成过失致人死亡罪。

专题二 "分别设问"型

案 例 八
"行凶从没成功过"案

案情：

2015年11月初，张某权、张某普预谋到偏僻地段对单身女性行人实施抢劫。11月9日晚，两人提出如果遇到漂亮女性，就先抢劫后强奸，并用抓阄的方式确定张某权先实施强奸行为。11月11日晚，两人商定：发现作案目标后，由张某普持一把尖刀将被害人逼至路边，张某权用胶带将其捆绑后实施抢劫。当晚，两人寻找作案目标未果。11月12日晚，两人在某镇寻找抢劫目标时遇公安巡逻，张某普逃跑，张某权被抓。

2015年12月，张某普逃到A市，预谋抢劫出租车司机。某日15时许，张某普携带卡簧刀骗乘周某驾驶的本田出租车，要求周某将车开往某地。行至某地，周某起疑，拒绝前行，要求张某普下车。张某普担心立即实施抢劫可能被人发觉，遂下车。当晚10时，张某普见骑自行车过来一人，顿生歹意，将坐在自行车上的刘某拽下，按翻在地，欲行强奸。不料刘某居然是其多年未见的中学校友，刘某认出张某普后，说："我认识你，你要敢，我就报案。"张某普闻言遂起身逃走，强奸未成。

次日凌晨3时许，张某普路过陈某住处，见陈某独自在房内睡觉，遂产生强奸念头。张某普从窗户进入室内，从室内拿了一根绳子将陈某捆绑并实施了奸淫。后张某普因害怕陈某报警，便用手掐其颈部，意图灭口，因发现陈某面容扭曲，心生恐惧，不忍心下手，遂解开陈某手脚上的绳子，逃离现场（对陈某勒颈的行为造成了陈某颈部勒痕等轻微伤）。

随后，张某普担心刘某会报警，决定杀人灭口。张某普携带含有致命毒剂的弓弩，找到刘某家，瞄准正在洗菜的"刘某"。正欲射杀时，张某普发现被瞄准的并非"刘某"，而是刘某的姐姐丙。张某普于是放弃，在离开过程中，遇见巡逻警察，被抓获归案。

问题：

1. 张某权、张某普意欲对单身女性实施抢劫并强奸的行为是否构成犯罪？如果构成，属于何种犯罪形态？应当如何处理？

2. 张某普抢劫出租车的行为是否构成犯罪？如果构成，属于何种犯罪形态？应当如何处理？

3. 张某普意图强奸刘某的行为是否构成犯罪？如果构成，属于何种犯罪形态？应当如何处理？

4. 张某普对陈某的侵害行为构成哪些犯罪？属于何种犯罪形态？应当如何处理？

5. 张某普试图杀害丙的事实如何认定？

6. 张某普如果是意图抢劫，发现被瞄准的并非"刘某"，而是刘某的姐姐丙，从而放弃犯罪，如何认定？

解答思路

S1：逐问分析案情。

问　题	关键事实	结论和理由
1. 张某权、张某普意欲对单身女性实施抢劫并强奸的行为是否构成犯罪？如果构成，属于何种犯罪形态？应当如何处理？	⊙ 张某权、张某普预谋到偏僻地段对单身女性行人实施抢劫。11月9日晚，两人提出如果遇到漂亮女性，就先抢劫后强奸，并用抓阄的方式确定张某权先实施强奸行为。 ⊙ 两人商定：发现作案目标后，由张某普持一把尖刀将被害人逼至路边，张某权用胶带将其捆绑后实施抢劫。当晚，两人寻找作案目标未果。	[得出结论] 二行为人不构成强奸罪，仅构成抢劫罪的共同犯罪，且属于犯罪预备。 [分析过程] 二行为人对于强奸只是犯意表示，不构成强奸罪（预备）。二行为人预备抢劫，成立共同犯罪，在预备阶段未能得逞，属于犯罪预备。
2. 张某普抢劫出租车的行为是否构成犯罪？如果构成，属于何种犯罪形态？应当如何处理？	⊙ 张某普携带卡簧刀骗乘周某驾驶的本田出租车，要求周某将车开往某地。行至某地，周某起疑，拒绝前行，要求张某普下车。张某普担心立即实施抢劫可能被人发觉，遂下车。	[得出结论] 张某普构成抢劫罪，属于预备阶段中止。 [分析过程] 张某普预备抢劫，但在着手抢劫之前的预备阶段就自愿放弃，属于预备阶段中止。
3. 张某普意图强奸刘某的行为是否构成犯罪？如果构成，属于何种犯罪形态？应当如何处理？	⊙ 张某普见骑自行车过来一人，顿生歹意，将坐在自行车上的刘某拽下，按翻在地，欲行强奸。不料刘某居然是其多年未见的中学校友，刘某认出张某普后，说："我认识你，你要敢，我就报案。"张某普闻言遂起身逃走，强奸未成。	[得出结论] 张某普构成强奸罪，属于实行阶段中止。 [分析过程] "遇到校友"在强奸案件中属于小阻力，行为人已经使用暴力着手犯罪，但因为小阻力自动放弃，属于实行阶段中止。
4. 张某普对陈某的侵害行为构成哪些犯罪？属于何种犯罪形态？应当如何处理？	⊙ 张某普从窗户进入室内，从室内拿了一根绳子将陈某捆绑并实施了奸淫。 ⊙ 张某普因害怕陈某报警，便用手掐其颈部，意图灭口，因发现陈某面容扭曲，心生恐惧，不忍心下手，遂解开陈某手脚上的绳子，逃离现场（对陈某勒颈的行为造成了陈某颈部勒痕等轻微伤）。	[得出结论] 张某普构成强奸罪。 [得出结论] 张某普构成故意杀人罪，属于实行阶段中止，且属于"没有造成损害的中止"，应当免除处罚。 [分析过程] 张某普意图杀人，但在实行阶段中止。所谓

续表

问 题	关键事实	结论和理由
4. 张某普对陈某的侵害行为构成哪些犯罪？属于何种犯罪形态？应当如何处理？	同 前	"造成损害的中止"，需要符合另一个轻罪的构成，而故意伤害罪需要达到轻伤的程度才处罚。本案中，张某普仅造成轻微伤，没有达到轻伤的程度，属于"没有造成损害的中止"，应当免除处罚。
5. 张某普试图杀害丙的事实如何认定？	⊙张某普携带含有致命毒剂的弓弩，找到刘某家，瞄准正在洗菜的"刘某"。正欲射杀时，张某普发现被瞄准的并非"刘某"，而是刘某的姐姐丙。张某普于是放弃。	[得出结论] 张某普构成故意杀人罪，是犯罪未遂。 [分析过程] 杀人案件中认错对象是大阻力，行为人属于犯罪未遂。
6. 张某普如果是意图抢劫，发现被瞄准的并非"刘某"，而是刘某的姐姐丙，从而放弃犯罪，如何认定？	⊙张某普如果是意图抢劫，发现被瞄准的并非"刘某"，而是刘某的姐姐丙，从而放弃犯罪。（代入案情）	[得出结论] 张某普构成抢劫罪，是实行阶段中止。 [分析过程] 抢劫案件中认错对象是小阻力，行为人属于犯罪中止。

S2：将结论用"倒置三段论"的方式表达出来。

答 案

1. 张某权、张某普为抢劫准备工具、制造条件，在预备阶段因客观原因未能得逞，构成抢劫罪预备，可以比照既遂犯从轻、减轻或者免除处罚。张某权、张某普对于强奸只是犯意表示，不构成强奸罪。

2. 张某普意图实施抢劫，在预备阶段因主观原因放弃犯罪，属于预备阶段中止。由于未造成损害结果，应当免除处罚。

3. 张某普试图通过暴力方式压制反抗、强行与他人发生性关系，构成强奸罪；但在实行阶段因主观原因放弃犯罪，属于犯罪中止。由于未造成损害，应当免除处罚。

4. 张某普以暴力方式压制反抗，与妇女发生性关系，构成强奸罪。之后张某普试图非法剥夺他人生命，但在实行阶段因主观原因放弃犯罪，属于实行阶段中止。由于仅造成了轻微伤，不符合轻罪（故意伤害罪）的构成要件，应当免除处罚。

5. 张某普试图非法剥夺他人生命，但在实行阶段因客观原因未能得逞，属于故意杀人罪未遂，可以比照既遂犯从轻或者减轻处罚。

6. 张某普试图压制反抗取得他人财物，构成抢劫罪，在实行阶段因为主观原因放弃犯罪，属于犯罪中止。

案例九
"被害人白死"案

案情：

林某（15周岁）驾车带叔叔周某出去玩，于某晚9时驾驶货车在县城主干道超车时，逆行进入对向车道，撞上甲驾驶的小轿车。甲被卡在车内无法动弹，甲车内的丙当场死亡、乙受重伤。后查明，甲无驾驶资格，事发时略有超速，且未采取有效制动措施。林某准备下车救助，但周某唆使林某迅速离开现场，林某听从，于是驾车逃逸。乙失救死亡。（事实一）

交警对甲的车进行切割，试图将甲救出。此时，陈某与杨某各自驾驶摩托车比赛"飙车"经过此路段。陈某发现甲车时紧急刹车，摩托车侧翻，猛烈撞向甲车左前门一侧，随后逃离。20分钟后，交警将甲抬出车时，发现其已死亡。现无法查明甲被陈某撞击前是否已死亡，也无法查明甲被陈某撞击前所受创伤是否为致命伤。（事实二）

问题：

1. 事实一中，林某和周某的行为分别如何定性？
2. 事实一中，如果将案情"乙失救死亡"改为"急救人员5分钟后赶到现场，乙因伤势过重被送医院后死亡"，其他案情不变，周某是否还构成交通肇事罪的共犯？
3. 事实一中，如果将案情"周某唆使林某迅速离开现场"改为"周某用刀胁迫林某迅速离开现场"，其他案情不变，对于林某和周某的定性会产生什么影响？
4. 事实二中，陈某和杨某的行为如何定性？二人是否对甲的死亡结果负责？林某是否对甲的死亡结果负责？
5. 事实二中，如果将案情变为"交警没有到达现场"，陈某也没有"飙车"，而是因为前方发生事故刹车不及撞上甲的车辆。现无法查明甲被陈某撞击前是否已死亡，也无法查明甲被陈某撞击前所受创伤是否为致命伤。陈某和林某是否对甲的死亡结果负责？

解答思路

S1：逐问分析案情。

问题	关键事实	结论和理由
1. 事实一中，林某和周某的行为分别如何定性？	林某（15周岁）驾车带叔叔周某出去玩，于某晚9时驾驶货车在县城主干道超车时，逆行进入对向车道，撞上甲驾驶的小轿车。甲被卡在车内无法动弹，甲车内的丙当场死亡、乙受重伤。后查明，甲无驾驶资格，事发时略有超速，且未采取有效制动措施。林某准备下车救助，但周某唆使林某迅速离开现场，林某听从，于是驾车逃逸。乙失救死亡。	[得出结论]周某和林某在违法层面成立交通肇事罪的共同犯罪；林某不承担刑事责任。 [分析过程]本案中，林某违章驾驶，导致一人死亡，在违法层面构成交通肇事罪；周某作为乘车人，指使林某逃逸，在违法层面成立交通肇事罪的共同犯罪。在责任层面，林某没有达到刑事责任年龄，不负刑事责任；周某负刑事责任，以交通肇事罪论处，且属于"交通肇事逃逸致人死亡"。

续表

问 题	关键事实	结论和理由
2. 事实一中，如果将案情"乙失救死亡"改为"急救人员5分钟后赶到现场，乙因伤势过重被送医院后死亡"，其他案情不变，周某是否还构成交通肇事罪的共犯？	林某（15周岁）驾车带叔叔周某出去玩，于某晚9时驾驶货车在县城主干道超车时，逆行进入对向车道，撞上甲驾驶的小轿车。甲被卡在车内无法动弹，甲车内的丙当场死亡、乙受重伤。后查明，甲无驾驶资格，事发时略有超速，且未采取有效制动措施。林某准备下车救助，但周某唆使林某迅速离开现场，林某听从，于是驾车逃逸。急救人员5分钟后赶到现场，乙因伤势过重被送医院后死亡。（代入案情）	[得出结论]周某不构成交通肇事罪的共犯。 [分析过程]急救人员5分钟后赶到现场，还是无法避免乙死亡的结果，因此，林某的"逃逸"行为与乙的死亡结果无因果关系，林某不属于"逃逸致人死亡"，对周某也就不能适用"乘车人指使肇事人逃逸，致使被害人因得不到救助而死亡的，以交通肇事罪的共犯论处"的司法解释。因此，周某不构成交通肇事罪的共犯。
3. 事实一中，如果将案情"周某唆使林某迅速离开现场"改为"周某用刀胁迫林某迅速离开现场"，其他案情不变，对于林某和周某的定性会产生什么影响？	林某（15周岁）驾车带叔叔周某出去玩，于某晚9时驾驶货车在县城主干道超车时，逆行进入对向车道，撞上甲驾驶的小轿车。甲被卡在车内无法动弹，甲车内的丙当场死亡、乙受重伤。后查明，甲无驾驶资格，事发时略有超速，且未采取有效制动措施。林某准备下车救助，但周某用刀胁迫林某迅速离开现场，林某听从，于是驾车逃逸。乙失救死亡。（代入案情）	[得出结论]林某不承担刑事责任；周某构成故意杀人罪的间接正犯。 [分析过程]用刀胁迫显然不属于"指使"，周某不能适用"乘车人指使肇事人逃逸，致使被害人因得不到救助而死亡的，以交通肇事罪的共犯论处"的司法解释，不能认定为交通肇事罪的共同犯罪。相应地，周某以胁迫的方式支配了林某实施客观上的、不作为的故意杀人行为，构成故意杀人罪的间接正犯。
4. 事实二中，陈某和杨某的行为如何定性？二人是否对甲的死亡结果负责？林某是否对甲的死亡结果负责？	交警对甲的车进行切割，试图将甲救出。此时，陈某与杨某各自驾驶摩托车比赛"飙车"经过此路段。陈某发现甲车时紧急刹车，摩托车侧翻，猛烈撞向甲车左前门一侧，随后逃离。20分钟后，交警将甲抬出车时，发现其已死亡。现无法查明甲被陈某撞击前是否已死亡，也无法查明甲被陈某撞击前所受创伤是否为致命伤。	[得出结论]陈某和杨某构成危险驾驶罪；陈某、杨某、林某均不对甲的死亡结果负责。 [分析过程]陈某和杨某在道路上追逐竞驶，情节恶劣，构成危险驾驶罪。至于是否构成交通肇事罪，取决于二人是否对甲的死亡结果负责。在"查不清"的问题上，我们采用"逻辑双刀"，即分情况讨论：如果甲的死亡结果

续表

问　　题	关键事实	结论和理由
4. 事实二中，陈某和杨某的行为如何定性？二人是否对甲的死亡结果负责？林某是否对甲的死亡结果负责？	同　前	是陈某导致的，由于在交警保护现场的情况下闯入现场导致甲死亡是异常介入因素，切断了林某的行为与甲的死亡结果之间的因果关系，因此，林某不对甲的死亡结果负责；如果甲的死亡结果是林某导致的，则陈某仅是撞击尸体，不对甲的死亡结果负责。综上所述，在"查不清"的情况下，根据"存疑有利于被告"原则，林某和陈某均不对甲的死亡结果负责。杨某也不负责。
5. 事实二中，如果将案情变为"交警没有到达现场"，陈某也没有"飙车"，而是因为前方发生事故刹车不及撞上甲的车辆。现无法查明甲被陈某撞击前是否已死亡，也无法查明甲被陈某撞击前所受创伤是否为致命伤。陈某和林某是否对甲的死亡结果负责？	此时，陈某因为前方发生事故刹车不及撞上甲的车辆。20分钟后，交警将甲抬出车时，发现其已死亡。现无法查明甲被陈某撞击前是否已死亡，也无法查明甲被陈某撞击前所受创伤是否为致命伤。（代入案情）	[得出结论] 陈某不负责；林某负责。 [分析过程] 在"查不清"的问题上，我们采用"逻辑双刀"，即分情况讨论：如果甲的死亡结果是陈某导致的，由于在道路上刹车不及导致的"二次撞击"是正常介入因素，不切断林某的行为与甲的死亡结果之间的因果关系，因此，林某对甲的死亡结果负责；如果甲的死亡结果是林某导致的，则陈某仅是撞击尸体，不对甲的死亡结果负责。综上所述，无论如何，林某都要对甲的死亡结果负责，但根据"存疑有利于被告"原则，陈某不对甲的死亡结果负责。

S2：将结论用"倒置三段论"的方式表达出来。

答案

1. 在违法层面，林某违章驾驶，导致一人死亡，构成交通肇事罪；周某作为乘车人，指使林某逃逸，成立交通肇事罪的共同犯罪。在责任层面，林某没有达到刑事责任年龄，不负刑事责任；周某负刑事责任，以交通肇事罪论处，且属于"交通肇事逃逸致人死亡"。

2. 乙的死亡结果并非林某的逃逸行为所致，因此，林某不属于"交通肇事逃逸致人死亡"，仅成立"交通肇事逃逸"；周某也不属于"指使肇事人逃逸，致使被害人因得不到救助而死亡"，不成立交通肇事的共同犯罪。

3. 周某没有教唆肇事者逃逸，不成立交通肇事罪的共同犯罪。周某采用胁迫的方式支配林某实施杀人行为，构成故意杀人罪的间接正犯。林某没有达到交通肇事罪的刑事责任年龄，且在被胁迫的情况下，缺乏期待可能性，不承担刑事责任。

4. 由于无法查明甲的死亡结果由谁导致，根据"存疑有利于被告"的原则，陈某和林某均不对甲的死亡结果负责。陈某在道路上追逐竞驶，情节恶劣，且不对甲的死亡结果负责，仅构成危险驾驶罪。杨某和陈某共同飙车，构成危险驾驶罪的共同犯罪，由于杨某无法预见甲的死亡结果，也不对甲的死亡结果负责。

5. 陈某来不及刹车，撞击甲属于正常介入因素，不切断林某的行为与甲的死亡结果之间的因果关系。因此，无论甲的死亡结果实际由谁导致，林某都要对甲的死亡结果负责；但根据"存疑有利于被告"原则，陈某不对甲的死亡结果负责。

案 例 十

枪支、药品和坟墓

案情：

王某通过网络结识了身在美国的华人林某（已被美国警方羁押）。两人通过网络聊天，约定由林某将枪支、子弹通过物流公司从美国发往王某所在的T市，后王某根据买家联系地址将枪弹快递至买家。

2010年7月至2015年8月间，王某共向买家提供枪支48支、子弹4500余发。涉案的张某、李某等多名买家"爱好"枪弹，因为收藏而购买。经鉴定，查获的枪支具有杀伤力，子弹亦为有效子弹。

经查，买家张某为国有医院医生，多次利用开高价处方药，收受医药代表赵某（在逃）回扣（实查金额为100万元）。后张某升任医院院长，更是长期接受赵某财物（实查金额为200万元）。赵某利用张某的信任，与该医院签订价值500万元医疗器械合同，故意将已被淘汰的医疗器械当成进口医疗器械卖给该医院。张某在签订合同时亦未认真审查合同、查验样品，给医院造成重大损失。

买家李某为某塔园公司经理，开发、销售塔位（用于殡葬）。李某将塔位分为使用型和投资型两种，承诺购买投资型的塔位2年后可以更名和退单，并不定期提高塔位的销售价格，吸引众多群众购买，2010~2015年，该塔园公司大肆宣传塔位的投资价值，违反国家公墓销售规定，面向4334人销售投资型塔位，涉及未退金额

7192 万元。

经查，王某还以万家公司的名义经营有偿讨债业务。2012 年，王某接受秦某的委托，向陈某追讨 230 万元欠款，双方签订合同，约定以收回欠款的 20%作为报酬。随后陈某归还秦某 50 万元，秦某按约支付给王某 10 万元报酬。国家经贸委曾与其他部门联合发布《关于取缔各类讨债公司严厉打击非法讨债活动的通知》（国经贸综合〔2000〕568 号），规定："禁止任何单位和个人开办任何形式的讨债公司……构成犯罪的，依法追究其刑事责任。"但该通知未以国务院名义发布。

问题：

1. 王某向买家提供枪支、弹药的行为应当如何处理？
2. 张某、李某等买家购买枪支、弹药的行为应当如何处理？为什么？
3. 张某收受医药代表 300 万元的行为应当如何定性？
4. 张某签订医疗器械合同，给医院造成重大损失的行为该如何处理？为什么？
5. 李某销售塔位吸纳资金的行为应当如何处理？为什么？
6. 王某经营有偿讨债业务是否构成非法经营罪？为什么？

🔶 解答思路

S1：逐问分析案情。

问　　题	关键事实	结论和理由
1. 王某向买家提供枪支、弹药的行为应当如何处理？	⊙ 王某通过网络结识了身在美国的华人林某（已被美国警方羁押）。两人通过网络聊天，约定由林某将枪支、子弹通过物流公司从美国发往王某所在的T市，后王某根据买家联系地址将枪弹快递至买家。	[得出结论] 王某构成走私武器、弹药罪和非法买卖枪支、弹药罪，数罪并罚。
2. 张某、李某等买家购买枪支、弹药的行为应当如何处理？为什么？	⊙ 张某、李某等多名买家"爱好"枪弹，因为收藏而购买。	[得出结论] 张某、李某等买家构成非法买卖枪支、弹药罪。 [分析过程] 无论出售还是购买枪支、子弹，均构成非法买卖枪支、弹药罪。
3. 张某收受医药代表300万元的行为应当如何定性？	⊙ 买家张某为国有医院医生，多次利用开高价处方药，收受医药代表赵某（在逃）回扣（实查金额为100万元）。	[得出结论] 张某构成非国家工作人员受贿罪。 [分析过程] "开处方药"的便利是"技术性便利"，张某构成非国家工作人员受贿罪。
	⊙ 后张某升任医院院长，更是长期接受赵某财物（实查金额为200万元）。	[得出结论] 张某构成受贿罪。 [分析过程] 院长职务带来的便利是"公共事务管理的便利"，张某构成受贿罪。
4. 张某签订医疗器械合同，给医院造成重大损失的行为该如何处理？为什么？	⊙ 赵某利用张某的信任，与该医院签订价值500万元医疗器械合同，故意将已被淘汰的医疗器械当成进口医疗器械卖给该医院。张某在签订合同时亦未认真审查合同、查验样品，给医院造成重大损失。	[得出结论] 张某构成签订、履行合同失职被骗罪。 [分析过程] 根据《刑法》第167条的规定，签订、履行合同失职被骗罪，是指国有公司、企业、事业单位直接负责的主管人员，在签订、履行合同过程中，因严重不负责任被诈骗，致使国家利益遭受重大损失的行为。

续表

问　题	关键事实	结论和理由
5. 李某销售塔位吸纳资金的行为应当如何处理？为什么？	○买家李某为某塔园公司经理，开发、销售塔位（用于殡葬）。李某将塔位分为使用型和投资型两种，承诺购买投资型的塔位2年后可以更名和退单，并不定期提高塔位的销售价格，吸引众多群众购买，2010～2015年，该塔园公司大肆宣传塔位的投资价值，违反国家公墓销售规定，面向4334人销售投资型塔位，涉及未退金额7192万元。	［得出结论］李某构成非法吸收公众存款罪。 ［分析过程］非法吸收公众存款罪，是指以高利回报为诱惑，直接或间接向不特定公众吸收存款，进行资本经营的行为。李某以投资为诱惑，吸收公众存款，构成非法吸收公众存款罪。
6. 王某经营有偿讨债业务是否构成非法经营罪？为什么？	○经查，王某还以万家公司的名义经营有偿讨债业务。	［得出结论］王某不构成非法经营罪。 ［分析过程］非法经营罪，是指未经许可经营法律、行政法规规定的专营、专卖物品或其他限制买卖的物品的行为。"讨债业务"显然不是国家专营的业务，王某不构成非法经营罪。

S2：将结论用"倒置三段论"的方式表达出来。

答　案

1. 王某与林某共谋，从境外走私枪支、弹药并出售，构成走私武器、弹药罪和非法买卖枪支、弹药罪，数罪并罚。

2. 张某、李某等买家购买枪支、弹药，构成非法买卖枪支、弹药罪。

3. 张某开高价处方收受回扣，利用的是"技术性便利"，构成非国家工作人员受贿罪；张某担任院长期间，利用职务之便收受财物，构成受贿罪，与非国家工作人员受贿罪数罪并罚。

4. 张某在签订、履行合同过程中，因严重不负责任被诈骗，致使国家利益遭受重大损失，构成签订、履行合同失职被骗罪。

5. 李某违反国家规定，以高利回报为诱惑，向不特定公众吸收资金，构成非法吸收公众存款罪。

6. 王某并非从事国家专营、专卖的业务，不构成非法经营罪。

案例十一
老汉扒灰找帮手，绑架一套送人走

案情：

滕某与王某系公媳关系。2016年8月某日，滕某、董某晚饭后乘凉时，滕某告诉董某，儿媳王某同他人有不正当两性关系，而自己多次想与她发生性关系均遭拒绝，但是"只要是外人，都肯发生性关系"，并唆使董某与王某发生性关系。董某遂答应去试试看。滕某又讲自己到时去"捉奸"，迫使王某同意与自己发生性关系。当日晚9时许，董某在王某房间内与其发生性关系后，滕某随即持充电灯至现场"捉奸"，以发现王某与他人有奸情，要将王某拖回娘家相威胁，并采用殴打等手段，强行对王某实施奸淫。因生理原因，滕某的强奸行为未能得逞。

董某逃至外地，开了一家五金店，因经济窘迫，产生绑票索财之意。2016年9月，董某向在自己店里工作的路某提出："有人欠我赌债不还，去把其子带来，逼其还债。"路某表示同意。当日下午，董某骑摩托车载着路某到实验小学附近，将去学校上学的被害人吴某指认给路某，路某后将吴某骗出，欲与董某骑摩托车将吴某带至五金店。董某因为慌张，在道路上高速逆行，摩托车跌入沟渠，吴某当场摔死。董某与路某慌忙逃跑。

后董某染上毒瘾。毒瘾发作，董某非常难受，但却没有钱购买毒品，此时正好有个孩子从董某身旁经过，董某便将孩子打晕，并将孩子放入麻袋之中捆好。后董某谎称此袋中是一只小狗，卖给某经营狗肉火锅的饭店老板刘某，获钱50元。刘某见麻袋中有动静，便指使饭店厨师李某（17周岁）用扁担猛击麻袋，孩子发出微弱哭声，李某对刘某笑称："狗居然学人哭。"刘某也感到可笑。后李某再次用扁担猛击，孩子死亡。两人解开麻袋，才发现是个孩子。

问题：

1. 滕某、董某如何定罪？犯罪形态是什么？
2. 滕某是否构成强奸罪的加重情节？为什么？
3. 董某与路某绑架吴某的行为应当如何处理？
4. 董某导致吴某摔死的行为又该当何罪？为什么？
5. 董某将小孩卖给火锅店的行为应当如何定性？为什么？
6. 刘某和李某的行为如何定性？为什么？

解答思路

S1：逐问分析案情。

问题	关键事实	结论和理由
1. 滕某、董某如何定罪？犯罪形态是什么？	⊙（滕某）以发现王某与他人有奸情，要将王某拖回娘家相威胁，并采用殴打等手段，强行对王某实施奸淫。 ⊙因生理原因，滕某的强奸行为未能得逞。	[得出结论] 滕某属于强奸罪未遂。 [分析过程] 滕某意图强行与王某发生性关系，但在实行阶段未能得逞，属于强奸罪未遂。
	⊙（滕某）唆使董某与王某发生性关系。董某遂答应去试试看。 ⊙当日晚9时许，董某在王某房间内与其发生性关系后，滕某随即持充电灯至现场"捉奸"。	[得出结论] 董某是帮助犯，也属于犯罪未遂。 [分析过程] 董某以肉身做诱饵，为滕某实施强奸提供帮助，是帮助犯。由于滕某是未遂，因此，董某也是未遂。

问　　题	关键事实	结论和理由
2. 滕某是否构成强奸罪的加重情节？为什么？	○董某在王某房间内与其发生性关系后，滕某随即持充电灯至现场"捉奸"。	[得出结论] 滕某不属于轮奸。 [分析过程] 轮奸要求2次发生性关系都是非自愿的。本案中，董某与王某发生性关系是基于王某自愿，因此，二人不属于轮奸。
3. 董某与路某绑架吴某的行为应当如何处理？	○（董某）产生绑票索财之意。2016年9月，董某向在自己店里工作的路某提出："有人欠我赌债不还，去把其子带来，逼其还债。"路某表示同意。	[得出结论] 董某构成绑架罪；路某构成非法拘禁罪。 [分析过程] 董某有非法占有目的，控制他人向第三人索要财物，是绑架行为；路某意图要赌债，没有非法占有目的，是非法拘禁行为。
4. 董某导致吴某摔死的行为又该当何罪？为什么？	○董某因为慌张，在道路上高速逆行，摩托车跌入沟渠，吴某当场摔死。董某与路某慌忙逃跑。	[得出结论] 董某构成交通肇事罪（交通肇事逃逸），与绑架罪数罪并罚。 [分析过程] 董某在绑架之后交通肇事致人死亡，构成交通肇事罪，属于"交通肇事逃逸"，与绑架罪数罪并罚。
5. 董某将小孩卖给火锅店的行为应当如何定性？为什么？	○董某非常难受，但却没有钱购买毒品，此时正好有个孩子从董某身旁经过，董某便将孩子打晕，并将孩子放入麻袋之中捆好。后董某谎称此袋中是一只小狗，卖给某经营狗肉火锅的饭店老板刘某。	[得出结论] 董某构成故意杀人罪与拐卖儿童罪，从一重罪处罚。 [分析过程] 董某对被害人的死亡结果持"无所谓"的放任态度，是间接故意，同时侵犯了他人的人身自由，构成拐卖儿童罪。因此，董某构成拐卖儿童罪和故意杀人罪，从一重罪处罚。
6. 刘某和李某的行为如何定性？为什么？	○刘某见麻袋中有动静，便指使饭店厨师李某（17周岁）用扁担猛击麻袋，孩子发出微弱哭声，李某对刘某笑称："狗居然学人哭。"刘某也感到可笑。后李某再次用扁担猛击，孩子死亡。	[得出结论] 刘某和李某构成过失致人死亡罪。 [分析过程] 刘某和李某有检验"货品"的义务但没有履行，对被害人的死亡结果有预见可能性，构成过失致人死亡罪。

S2：将结论用"倒置三段论"的方式表达出来。

答案

1. 滕某、董某共同实施强奸，成立强奸罪的共同犯罪。滕某在共同犯罪中起主要作用，系主犯；董某为滕某奸淫王某提供了便利条件，系帮助犯，应当按照从犯的规定从宽处理。另外，滕某系强奸罪的犯罪未遂，从宽处罚。

2. 董某第一次与王某发生性关系系双方自愿，因此，滕某、董某并非轮奸，对二人不适用"轮奸"的加重情节。

3. 董某和路某在非法拘禁罪的范围内可以成立共同犯罪。董某有非法占有目的，构成绑架罪；路某不具有非法占有目的，构成非法拘禁罪。

4. 董某违反交通运输管理法规，驾驶摩托车跌入沟渠致人死亡的行为构成交通肇事罪，属于"交通肇事逃逸"，应当以绑架罪和交通肇事罪数罪并罚。对此肇事行为，路某没有参与，不承担责任。

5. 董某将小孩冒充小狗卖给饭店，对孩子的死亡结果持放任态度，属于故意杀人罪，且是间接故意；同时，董某出卖孩子的行为构成拐卖儿童罪，一行为触犯数罪名，应当以故意杀人罪和拐卖儿童罪从一重罪论处。

6. 刘某和李某对被害人的死亡结果有预见可能性，没有尽到注意义务导致他人死亡，构成过失致人死亡罪。

案例十二
"恶徒魏某化名'孙静'"案

案情：

2015年3月，魏某（2000年1月20日出生）听说同村村民刘某代收电费款后，遂萌生抢劫之念。次日2时许，魏某携带作案工具，翻墙进入刘某家，发现刘某在东屋睡觉，便钻入西屋，翻找钱款未果，又至东屋寻找，刘某被惊醒。魏某用钳子朝刘某头部猛击，见刘某不动，在认为刘某已死亡的情况下，用钳子将抽屉撬开，将里面的9700元电费款拿走，并将刘某的手机、银行卡等物品搜刮一空。为了毁灭罪证，魏某用打火机点燃一些纤维编织袋扔在刘某所盖的被子上，导致刘某颅脑损伤后吸入一氧化碳窒息死亡，价值7209元的物品被烧毁。

后魏某逃亡，化名孙静，应聘到某乳品公司担任业务员。出于为该公司创造经营业绩的动机，其从2016年10月起向该公司虚构了某学院需要供奶的事实，并利用伪造的学院行政章与该公司签订了供货合同。从2016年10月起至2017年3月，魏某将该公司321 500份钙铁锌奶送至其暂住地，每天将牛奶全部销毁。经鉴定，上述牛奶按0.95元每份计算，共价值人民币305 425元。

经查，2017年3月，魏某在移动公司办理业务时，结识了该公司员工方某，两人预谋以贩卖移动公司手机靓号的方式牟利。之后方某利用工作之便，从移动公司内部电脑系统查得14个号码的机主资料信息，通过制假证者伪造了14张与机主资料相同的假身份证。同年7月，魏某分别持上述假身份证到移动公司营业厅，将原机主的移动号码非法过户到自己名下，随后魏某隐瞒真相，以自己的名义将其中4个号码卖给他人，共获取人民币8.1万元。

问题：

1. 魏某在取财过程中致人重伤昏迷，又放火毁灭罪证，致人窒息死亡，应当如何处理？为什么？

2. 如果魏某用刘某的银行卡在自动提款机中取钱，应如何处理？为什么？

3. 如果魏某用刘某的手机拨打电话，造成电信公司资费损失数额较大，应当如何处理？为什么？

4. 魏某将牛奶销毁的行为是否构成职务侵占罪？为什么？

5. 魏某的行为如何定性？

⬇ 解答思路

S1：逐问分析案情。

问　题	关键事实	结论和理由
1. 魏某在取财过程中致人重伤昏迷，又放火毁灭罪证，致人窒息死亡，应当如何处理？为什么？	⊙ 魏某（2000年1月20日出生）听说同村村民刘某代收电费款后，遂萌生抢劫之念。 ⊙（魏某）发现刘某在东屋睡觉，便钻入西屋，翻找钱款未果，又至东屋寻找，刘某被惊醒。 ⊙ 魏某用钳子朝刘某头部猛击。	[得出结论] 魏某构成抢劫罪。 [分析过程] 魏某一开始就具有抢劫的故意，并且压制反抗、取得财物，构成抢劫罪。其行为本身就构成抢劫罪，不是转化型抢劫。
	⊙（魏某）翻墙进入刘某家。	[得出结论] 魏某是"入户抢劫"，加重处罚。
	⊙（魏某）用钳子将抽屉撬开，将里面的9700元电费款拿走，并将刘某的手机、银行卡等物品搜刮一空。	[得出结论] 魏某已经取得财物，属于抢劫罪既遂。
	⊙ 魏某用钳子朝刘某头部猛击。 ⊙ 为了毁灭罪证，魏某用打火机点燃一些纤维编织袋扔在刘某所盖的被子上，导致刘某颅脑损伤后吸入一氧化碳窒息死亡，价值7209元的物品被烧毁。	[得出结论] 魏某在抢劫后放火，根据不同观点，分别可能成立"抢劫致人死亡+放火"与"放火致人死亡+抢劫"。 [分析过程] 魏某属于事前故意，前后实施了抢劫杀人和放火行为。如果将被害人的死亡结果归属于前行为，魏某属于"抢劫致人死亡+放火"；如果将被害人的死亡结果归属于后行为，魏某属于"放火致人死亡+抢劫"。
2. 如果魏某用刘某的银行卡在自动提款机中取钱，应如何处理？为什么？	⊙ 魏某抢劫取得刘某银行卡之后，用刘某的银行卡在自动提款机中取钱。（代入案情）	[得出结论] 魏某构成抢劫罪。 [分析过程] 抢劫信用卡并使用的，认定为抢劫罪。

续表

问题	关键事实	结论和理由
3. 如果魏某用刘某的手机拨打电话，造成电信公司资费损失数额较大，应当如何处理？为什么？	○魏某用刘某的手机拨打电话，造成电信公司资费损失数额较大。（代入案情）	[得出结论]魏某构成盗窃罪。 [分析过程]"电信诈骗"，是指以虚假、冒用的身份证件办理入网手续并使用移动电话，造成电信资费损失数额较大的行为。 　"电信盗窃"，是指盗用他人上网账号、密码上网，造成电信资费损失数额较大的行为。 　"电信诈骗"和"电信盗窃"的核心区别就是是否存在被害人的处分行为。本案中，魏某用刘某的手机拨打电话，并没有人被骗，也没有被害人的处分行为，魏某构成盗窃罪。
4. 魏某将牛奶销毁的行为是否构成职务侵占罪？为什么？	○（魏某）虚构了某学院需要供奶的事实，并利用伪造的学院行政章与该公司签订了供货合同。从 2016 年 10 月起至 2017 年 3 月，魏某将该公司 321 500 份钙铁锌奶送至其暂住地，每天将牛奶全部销毁。	[得出结论]魏某构成合同诈骗罪。 [分析过程]从魏某"签大单拿小提成"的做法可以推测，魏某在一开始签订合同的时候采用的是赊账的方式，并且没有真正付钱的意思。因此，魏某通过合同欺骗所在公司，构成合同诈骗罪。 　魏某没有利用职务之便，任何外部人士都可以实施该行为，因此排除职务侵占罪。魏某取得牛奶的时候合同诈骗罪已经成立，之后如何处置牛奶不再构成其他犯罪，因此，销毁牛奶的行为属于"事后不可罚"，不另行构成故意毁坏财物罪。
5. 魏某的行为如何定性？	○（方某）从移动公司内部电脑系统查得 14 个号码的机主资料信息，通过制假证者伪造了 14 张与机主资料相同的假身份证。 ○同年 7 月，魏某分别持上述假身份证到移动公司营业厅，将原机主的移动号码非法过户到自己名下。	[得出结论]魏某构成诈骗罪。 [分析过程]本案中，号码的原主人可以通过一定程序取回原号码，因此真正受到损害的是"靓号"的二次购买者。魏某通过欺骗的方式使得"靓号"的二次购买者受到损失，构成诈骗罪。

续表

问　　题	关键事实	结论和理由
5. 魏某的行为如何定性？	○魏某隐瞒真相，以自己的名义将其中4个号码卖给他人，共获取人民币8.1万元。	同　前

S2：将结论用"倒置三段论"的方式表达出来。

> **答　案**

1.（1）魏某实施了抢劫行为，构成抢劫罪，属于"入户抢劫"，加重处罚，且已经取得财物，属于犯罪既遂。

（2）魏某属于事前故意，对此有两种观点：

观点1：魏某为了取得财物杀害他人，导致他人死亡，构成抢劫致人死亡；之后的放火行为危及公共安全，构成放火罪，与抢劫罪数罪并罚。

观点2：魏某为了取得财物意图杀害他人，但未得逞，构成抢劫罪的基本犯；之后的放火行为造成被害人死亡，构成放火罪（致人死亡），与抢劫罪数罪并罚。

2. 魏某抢劫信用卡并使用，构成抢劫罪。

3. 魏某通过拨打电话造成他人财产损失，且不存在他人的处分行为，构成盗窃罪。

4. 魏某没有利用职务之便，不构成职务侵占罪。由于魏某没有付牛奶价款的意思，属于虚构事实骗取货物，只构成合同诈骗罪。

5. 本案中，受到损害的是"靓号"买家，而非号码的原主人。魏某通过欺骗的方式使得"靓号"买家受到财产损失，构成诈骗罪，不构成盗窃罪。

案 例 十 三
吴某贪污受贿案

案情：

2010年下半年，在吴某担任某国有独资基建公司总经理期间，徐某多次找到吴某，要求承接该公司某项目所需钢绞线全部供应业务。吴某原计划安排情妇赵某承接该业务，便以"让领导的朋友退出"为由，要徐某给予"领导的朋友"好处费30万元，徐某表示同意。之后，吴某利用职权，决定以徐某的名义承接总额700余万元的钢绞线供应业务。2010年9月底，徐某按约定联系吴某交付30万元好处费。吴某带徐某与赵某见面，谎称赵某系领导的朋友，徐某将30万元交给赵某。

2011年，徐某为某公立学校承包工程，工程按质按量完工后，学校一直拖欠工程款（3000余万元）。徐某听说吴某与校长很熟，便送给吴某10万元，请吴某帮忙。吴某于是让校长张某帮忙解决，张某于是将工程款给付徐某。

2012年，基建公司进行产权制度改革，在资产评估过程中，吴某明知公司的应付款账户中有三笔共计460万元系前几年虚设，而未向评估人员作出说明，隐瞒该款项的真实情况，从而使评估人员将该三笔款项作为应付款评估并予以确认。同年底，政府发文同意该公司产权制度改革实施方案。此后，基建公司在570名职工中平均配股。6月，公司股东大会选举产生董事会，董事长为吴某。尔后，吴某收购了其他569名股东的全部股份，并于当年8月正式成立蓝天基建有限公司。9月，蓝天基建有限公司向区财政局交清国有资产购买款4650万元。随后，吴某积极办理公司产权转移手续。案发时，手续尚在办理之中。

问题：

1. 吴某以"让领导的朋友退出"为由，让徐某支付30万元给赵某。吴某的行为是否构成受贿罪？如果构成，是否属于法定从重情节？为什么？

2. 徐某支付30万元给赵某，徐某和赵某的行为应当如何定性？为什么？

3. 徐某请求吴某帮忙解决学校的工程款一案，徐某和吴某的行为应当如何定性？为什么？

4. 如果吴某是张某的直系上级，徐某和吴某的行为又当如何定性？为什么？

5. 吴某在国有企业改制中隐瞒资产真实情况，造成巨额国有资产潜在流失的行为是否构成犯罪？属于何种犯罪形态？为什么？

> 解答思路

S1：逐问分析案情。

问　　题	关键事实	结论和理由
1. 吴某以"让领导的朋友退出"为由，让徐某支付30万元给赵某。吴某的行为是否构成受贿罪？如果构成，是否属于法定从重情节？为什么？	⊙吴某原计划安排情妇赵某承接该业务，便以"让领导的朋友退出"为由，要徐某给予"领导的朋友"好处费30万元。	[得出结论] 吴某收受他人财物，构成受贿罪，且属于"索贿"，加重处罚。
2. 徐某支付30万元给赵某，徐某和赵某的行为应当如何定性？为什么？	⊙吴某带徐某与赵某见面，谎称赵某系领导的朋友，徐某将30万元交给赵某。	[得出结论] 徐某构成行贿罪；赵某成立受贿罪的帮助犯。 [分析过程] 徐某明知赵某是国家工作人员同一阵营的人而给予其财物，构成行贿罪。吴某与赵某共同收受财物，构成受贿罪的共同犯罪；赵某没有国家工作人员的身份，是受贿罪的帮助犯。
3. 徐某请求吴某帮忙解决学校的工程款一案，徐某和吴某的行为应当如何定性？为什么？	徐某为某公立学校承包工程，工程按质按量完工后，学校一直拖欠工程款（3000余万元）。徐某听说吴某与校长很熟，便送给吴某10万元，请吴某帮忙。吴某于是让校长张某帮忙解决，张某于是将工程款给付徐某。	[得出结论] 徐某和吴某均不构成犯罪。 [分析过程] 吴某作为国家工作人员，收受徐某财物，通过其他国家工作人员张某行使职权，为他人谋取利益，是斡旋受贿行为；徐某给予国家工作人员财物，是行贿行为。 　　由于徐某的"工程款"是正当利益，斡旋受贿行为和行贿行为必须要谋取不正当利益才能构成犯罪，因此，二人均不构成犯罪。

续表

问 题	关键事实	结论和理由
4. 如果吴某是张某的直系上级，徐某和吴某的行为又当如何定性？为什么？	徐某为某公立学校承包工程，工程按质按量完工后，学校一直拖欠工程款（3000余万元）。徐某听说吴某是校长张某的直系上级，便送给吴某10万元，请吴某帮忙。吴某于是让校长张某帮忙解决，张某于是将工程款给付徐某。（代入案情）	[得出结论]徐某不构成犯罪；吴某构成受贿罪。 [分析过程]吴某作为国家工作人员，收受徐某财物，通过直系下属张某行使职权，为他人谋取利益，是普通受贿行为。由于普通受贿的成立无需谋取不正当利益，因此，吴某构成受贿罪。 　　徐某给予国家工作人员财物，是行贿行为。由于行贿行为必须要谋取不正当利益才能构成犯罪，因此，徐某不构成犯罪。
5. 吴某在国有企业改制中隐瞒资产真实情况，造成巨额国有资产潜在流失的行为是否构成犯罪？属于何种犯罪形态？为什么？	2012年，基建公司进行产权制度改革，在资产评估过程中，吴某明知公司的应付款账户中有三笔共计460万元系前几年虚设，而未向评估人员作出说明，隐瞒该款项的真实情况，从而使评估人员将该三笔款项作为应付款评估并予以确认。同年底，政府发文同意该公司产权制度改革实施方案。此后，基建公司在570名职工中平均配股。6月，公司股东大会选举产生董事会，董事长为吴某。尔后，吴某收购了其他569名股东的全部股份，并于当年8月正式成立蓝天基建有限公司。9月，蓝天基建有限公司向区财政局交清国有资产购买款4650万元。随后，吴某积极办理公司产权转移手续。案发时，手续尚在办理之中。	[得出结论]吴某构成贪污罪（未遂）。 [分析过程]吴某作为国家工作人员，利用职务之便将公司股权据为己有，构成贪污罪。贪污罪的既遂标准是取得财物，吴某尚未取得财物，构成贪污罪（未遂）。

S2：将结论用"倒置三段论"的方式表达出来。

答案

1. 吴某作为国家工作人员，向徐某索要财物，构成受贿罪，且属于"索贿"，从重处罚。

2. 徐某在吴某知情的情况下给予吴某的情妇赵某财物，构成行贿罪。吴某与赵某共同收受财物，构成受贿罪的共同犯罪；赵某不具有国家工作人员的身份，是帮助犯。

3. 吴某收受财物，通过其他国家工作人员为他人谋取利益，属于斡旋受贿行为，但没有谋取不正当利益，不构成（斡旋受贿型）受贿罪。徐某给予国家工作人员财物，属于行贿行为，但没有谋取不正当利益，不构成行贿罪。

4. 如果吴某是张某的直系上级，吴某收受他人财物，通过校长张某（直系下属）的行为为他人谋取利益，构成受贿罪。徐某给予国家工作人员财物，属于行贿行为，但没有谋取不正当利益，不构成行贿罪。

5. 吴某以非法占有为目的，利用职务之便将公司股权据为己有，并非基于单位的意志、为了单位的利益，不构成私分国有资产罪，而构成贪污罪。又由于吴某已经着手但未取得财物，因此属于犯罪未遂。

案例十四

"恋爱脑杨某某"案

案情：

杨某某离婚后，独自照顾一子一女。2013年5月，听闻其子（杨某军）处了一个对象，家境贫困，杨某某希望其子断绝和女方往来，但儿子拒绝。杨某某非常生气。杨某某开始留意儿子的行动，一旦发现他再和女友来往，就对儿子进行殴打，同时找到女方，威胁她不要再和自己儿子来往。此后杨某某还多次因为此事殴打儿子，杨某军痛苦不堪，于是在2013年6月和女方一起投河自杀，两人均死亡。

2013年7月，杨某某为了转移痛苦与女儿（杨某艳）的同学张某某谈恋爱，后产生矛盾。杨某某购买硫酸倒入杯中携带至张某某家。杨某某手拿水杯对张某某说"真想泼到你脸上"，并欲拧开水杯盖子，但未能打开。张某某认为水杯中系清水，为稳定自己情绪，接过水杯，拧了多次才打开杯盖，将水杯中的硫酸倒在自己的头上，致使其身体多部位被硫酸烧伤。因为张某某和杨某艳是好友，杨某艳请求张某某不要报警，并一直在医院照顾张某某。

杨某某认为，张某某"移情别恋"是因为赵某，遂雇请李四杀害赵某。杨某某将正在买菜的"赵某"指给李四看。但事实上，杨某某将王五当成"赵某"。后李四按照约定，将实为王五的"赵某"杀害。

杨某某担心张某某报警,决定杀死"张某某",遂于深夜潜入张某某病房,用被子蒙住"张某某",导致"张某某"窒息而死。但"张某某"实系杨某艳。杨某某误将其女杨某艳捂死。

杨某某在逃跑过程中,心情万分绝望,多次吸食毒品。某日,杨某某因服食摇头丸药性发作,持刀朝路人胸部插刺,致路人抢救无效死亡。杨某某于当晚9时许被抓获。经司法鉴定认为,杨某某系吸食摇头丸后出现精神病症状,在精神病状态下作案,评定为限定刑事责任能力。

问题:

1. 杨某某暴力干涉儿子恋爱的行为与两人自杀的结果,是否存在刑法上的因果关系?应当如何定性?

2. 杨某某携带硫酸导致被害人被烧伤的行为应当如何定性?为什么?

3. 李四将实为王五的"赵某"杀害的行为是否出现了认识错误?应当如何定性?按照共犯从属理论,杨某某的行为是否出现了认识错误?按照法定符合说,又应当如何定性?

4. 杨某某误将女儿杀死的行为应当如何处理?若有多种学说,请分别说明。

5. 杨某某吸毒之后杀人如何认定?

解答思路

S1：逐问分析案情。

问　　题	关键事实	结论和理由
1. 杨某某暴力干涉儿子恋爱的行为与两人自杀的结果，是否存在刑法上的因果关系？应当如何定性？	（杨某某）一旦发现他再和女友来往，就对儿子进行殴打。此后杨某某还多次因为此事殴打儿子，杨某军痛苦不堪。	［得出结论］杨某某构成暴力干涉婚姻自由罪。 ［分析过程］暴力干涉婚姻自由，是指以暴力手段干涉他人婚姻自由的权利，情节严重的行为。由于"恋爱"和"婚姻"是密不可分的两个部分，因此，暴力干涉婚姻自由罪包括暴力干涉他人恋爱自由的情况。
	（杨某军）于是在2013年6月和女方一起投河自杀，两人均死亡。	［得出结论］杨某某属于"暴力干涉婚姻自由致人死亡"，对其子的死亡结果负责，但不对其子女友的死亡结果负责。 ［分析过程］"暴力干涉婚姻自由致人死亡"包括被害人自杀的情况，但结果加重犯必须符合"常见、常发、常伴随"的特点。在杨某某暴力干涉婚姻自由的情况下，其子的自杀行为正常，但其子女友的自杀行为不正常。因此，杨某某对其子的死亡结果负责，但不对其子女友的死亡结果负责。

续表

问 题	关键事实	结论和理由
2. 杨某某携带硫酸导致被害人被烧伤的行为应当如何定性？为什么？	杨某某购买硫酸倒入杯中携带至张某某家。杨某某手拿水杯对张某某说"真想泼到你脸上"，并欲拧开水杯盖子，但未能打开。	[得出结论] 杨某某构成故意伤害罪（未遂）。 [分析过程] 杨某某意图用硫酸泼人，构成故意伤害罪。由于已经对他人的人身法益产生了"现实、直接、紧迫"的危险，已经着手，因此属于犯罪未遂。
	张某某认为水杯中系清水，为稳定自己情绪，接过水杯，拧了多次才打开杯盖，将水杯中的硫酸倒在自己的头上，致使其身体多部位被硫酸烧伤。	[得出结论] 杨某某构成不作为故意伤害罪，整体评价为故意伤害罪（既遂）。 [分析过程] 本案中，"拧了多次"表明杨某某有足够的时间制止对方，具有作为可能性；且杨某某将硫酸带到张某某面前升高了风险，产生了作为义务，构成不作为的故意伤害罪。
3. 李四将实为王五的"赵某"杀害的行为是否出现了认识错误？应当如何定性？按照共犯从属理论，杨某某的行为是否出现了认识错误？按照法定符合说，又应当如何定性？	杨某某认为，张某某"移情别恋"是因为赵某，遂雇请李四杀害赵某。	[得出结论] 杨某某教唆李四杀人，是教唆犯。
	杨某某将正在买菜的"赵某"指给李四看。但事实上，杨某某将王五当成"赵某"。	[得出结论] 杨某某认错了人，属于对象错误。对象错误根据"法定符合说"和"具体符合说"都是犯罪既遂。
	后李四按照约定，将实为王五的"赵某"杀害。	[得出结论] 李四按照杨某某的指示杀人，没有出现错误，构成故意杀人罪（既遂）。
4. 杨某某误将女儿杀死的行为应当如何处理？若有多种学说，请分别说明。	杨某某担心张某某报警，决定杀死"张某某"，遂于深夜潜入张某某病房，用被子蒙住"张某某"，导致"张某某"窒息而死。但"张某某"实系杨某艳。杨某某误将其女杨某艳捂死。	[得出结论] 杨某某认错了人，属于对象错误。对象错误根据"法定符合说"和"具体符合说"都是犯罪既遂。
5. 杨某某吸毒之后杀人如何认定？	杨某某在逃跑过程中，心情万分绝望，多次吸食毒品。某日，杨某某因服食摇头丸药性发作，持刀朝路人胸部插刺，致路人抢救无效死亡。	[得出结论] 杨某某构成故意杀人罪。 [分析过程] "原因自由行为"中，第一次陷入缺乏责任能力的状态造成损害的，属于过失犯罪；多次陷入缺乏责任能力的状态造成损害的，属于故意犯罪。

S2：将结论用"倒置三段论"的方式表达出来。

答案

1. 杨某某使用暴力干涉其子婚姻自由，构成暴力干涉婚姻自由罪。杨某某的行为导致其子自杀，行为与结果之间存在因果关系，杨某某需要对其子的死亡结果负责；但是女方自杀并不常见，杨某某对此不负责任。因此，杨某某的行为构成暴力干涉婚姻自由致人死亡，但仅对其子的死亡结果负责。

2. 杨某某有伤害的故意，但在实行阶段因客观原因未能得逞，构成故意伤害罪（未遂）；之后，杨某某基于先行行为产生了作为义务，但没有采取任何有效防止措施，成立不作为的故意伤害罪，最终以故意伤害罪论处。

3. （1）实行者李四没有发生认识错误，构成故意杀人罪（既遂）。
（2）教唆犯杨某某属于对象错误，无论根据"具体符合说"还是"法定符合说"，均不影响既遂的成立。杨某某构成故意杀人罪（既遂）。

4. 杨某某发生对象错误，无论根据"具体符合说"还是"法定符合说"，均不影响既遂的成立。杨某某构成故意杀人罪（既遂）。

5. 杨某某多次吸毒后杀人，属于原因自由行为，不影响犯罪故意的认定，构成故意杀人罪（既遂）。

案例十五

"装订厂长李某黑化"案

案情：

2015年，向某（女）利用其担任某供电公司（非国有）出纳员的职务之便，多次动用自己保管的公司账上的资金用于赌博。2016年10月，向某从自己保管的供电公司的小金库中取款22万元，用于填补挪用差款。后向某认为供电公司的小金库管理松懈，遂产生侵吞供电公司小金库资金的念头。之后，向某伙同其夫田某侵吞公司小金库资金70余万元。

经查，1998年，田某与向某登记结婚。2008年4月，田某与杨某以夫妻名义同居。同年8月，二人举办了婚礼，在B市购买了一套房产居住，并育有一子。2010年，田某前往D市工作，未告知杨某。2013年，杨某找到田某，要求与其办理结婚登记，田某拒绝，并再次离开杨某。2014年年初，田某回到B市向某处生活。同年5月，在未通知杨某的情况下，田某将曾与杨某同居的房产（登记在田某名下）出售。2015年3月，杨某找到田某并报警，田某被抓获。

2014年年初，田某从他人处得知某装订厂能印刷无委印手续书刊，便与厂长李某联系，称自己是书商，想印一些大学教材，但无任何手续。厂长李某认为所要印的教材不是"黄色"和"反动"的，即同意印刷。依据约定，李某安排图书的印刷及装订。田某接货将盗版书销往全国各地，非法经营额达人民币 272 万余元。后因分配不均，田某撰文要举报李某。

李某出逃，后因经济困难，想找点钱花。2015 年 2 月某日晚，李某将一女子张某骗至公共绿地，并将三唑仑片放入饮料中，骗张某饮用，趁张某服药神志不清之机，抢走张某 2 万余元现金。在强摘张某耳环时，遭张某反抗，李某对张某进行殴打。次日上午 10 时许，张某的尸体在该绿地东南边的水沟里被发现，经法医鉴定，张某系被他人扼颈后溺水致窒息而死亡。

李某知道自己犯下了命案，觉得这都是田某所致，遂决定除掉田某。李某从警察王某处窃取枪支一把，在前往田某家的途中被抓获。

问题：

1. 向某挪用并侵吞公司财物的行为是否属于吸收犯？应当如何处理？向某的赌博行为是否构成犯罪？为什么？

2. 田某的重婚行为属于何种罪数形态？其追诉时效应从何时开始计算？

3. 田某与李某的非法经营行为触犯哪些犯罪构成？它们是什么关系？应当如何处理？

4. 对于抢劫行为，李某始终辩称，他只想谋财，从未有过害命之意，那么李某的抢劫行为是否属于结果加重犯？为什么？

5. 李某盗窃枪支的行为如何定性？

解答思路

S1：逐问分析案情。

问　　题	关键事实	结论和理由
1. 向某挪用并侵吞公司财物的行为是否属于吸收犯？应当如何处理？向某的赌博行为是否构成犯罪？为什么？	2015年，向某（女）利用其担任某供电公司（非国有）出纳员的职务之便，多次动用自己保管的公司账上的资金用于赌博。2016年10月，向某从自己保管的供电公司的小金库中取款22万元，用于填补挪用差款。	[得出结论] 向某构成挪用资金罪。 [分析过程] 挪用公款罪和挪用资金罪的区别在于身份不同，挪用公款罪的主体是国家工作人员，挪用资金罪的主体是公司、企业或者其他单位的人员。向某作为非国有公司出纳人员，构成挪用资金罪。
	后向某认为供电公司的小金库管理松懈，遂产生侵吞供电公司小金库资金的念头。之后，向某伙同其夫田某侵吞公司小金库资金70余万元。	[得出结论] 向某构成职务侵占罪。 [分析过程] 要构成职务侵占罪，行为人主观上需要有非法占有目的，即行为人有将财物"据为己有"的意思，否则只能构成挪用资金罪。本段事实中，"侵吞"代表行为人具有非法占有目的，向某构成职务侵占罪。

续表

问　　题	关键事实	结论和理由
2. 田某的重婚行为属于何种罪数形态？其追诉时效应从何时开始计算？	经查，1998 年，田某与向某登记结婚。2008 年 4 月，田某与杨某以夫妻名义同居。同年 8 月，二人举办了婚礼，在 B 市购买了一套房产居住，并育有一子。2010 年，田某前往 D 市工作，未告知杨某。2013 年，杨某找到田某，要求与其办理结婚登记，田某拒绝，并再次离开杨某。	[得出结论] 田某构成重婚罪。 [分析过程] 重婚罪，是指有配偶又与他人结婚或者明知他人有配偶而与之结婚的行为。"事实婚姻"也属于重婚罪中的"结婚"。田某结婚后又与杨某成立事实婚姻，构成重婚罪。
	2014 年年初，田某回到 B 市向某处生活。同年 5 月，在未通知杨某的情况下，田某将曾与杨某同居的房产（登记在田某名下）出售。2015 年 3 月，杨某找到田某并报警，田某被抓获。	[得出结论] 田某是继续犯，追诉时效从 2014 年开始计算。 [分析过程] 追诉期限从犯罪之日起计算；犯罪行为有连续或者继续状态的，从犯罪行为终了之日起计算。本案中，2014 年，田某回到原配向某处生活，并变卖房产，表明了不再维持事实婚姻的意思，犯罪状态结束，故追诉时效从 2014 年开始计算。
3. 田某与李某的非法经营行为触犯哪些犯罪构成？它们是什么关系？应当如何处理？	2014 年年初，田某从他人处得知某装订厂能印刷无委印手续书刊，便与厂长李某联系，称自己是书商，想印一些大学教材，但无任何手续。厂长李某认为所要印的教材不是"黄色"和"反动"的，即同意印刷。依据约定，李某安排图书的印刷及装订。田某接货将盗版书销往全国各地，非法经营额达人民币 272 万余元。后因分配不均，田某撰文要举报李某。	[得出结论] 行为人触犯侵犯著作权罪和销售侵权复制品罪，最终认定为侵犯著作权罪。 [分析过程] 如果私自出版物存在合法版本，则行为人构成侵犯著作权罪；如果私自出版物不存在合法版本（如私自发行自创小说《霸道总裁太猴急》），则行为人构成非法经营罪。本案中，由于行为人盗版的是大学教材，存在对应的合法版本，因此不构成非法经营罪。 　　另外，先后触犯侵犯著作权罪和销售侵权复制品罪，销售侵权复制品罪属于"事后不可罚"，行为人只认定为侵犯著作权罪。

续表

问　　题	关键事实	结论和理由
4. 对于抢劫行为，李某始终辩称，他只想谋财，从未有过害命之意，那么李某的抢劫行为是否属于结果加重犯？为什么？	李某出逃，后因经济困难，想找点钱花。2015年2月某日晚，李某将一女子张某骗至公共绿地，并将三唑仑片放入饮料中，骗张某饮用，趁张某服药神志不清之机，抢走张某2万余元现金。	［得出结论］李某构成抢劫罪。 ［分析过程］抢劫的手段包括"暴力"、"胁迫"和"其他方式"，"其他方式"是指创造了被害人不能反抗状态取得财物的情形。本案中，李某创造了被害人张某神志不清的状态，而后取得财物，构成抢劫罪。
	在强摘张某耳环时，遭张某反抗，李某对张某进行殴打。次日上午10时许，张某的尸体在该绿地东南边的水沟里被发现，经法医鉴定，张某系被他人扼颈后溺水致窒息而死亡。	［得出结论］李某属于抢劫致人死亡。 ［分析过程］"抢劫致人死亡"包括抢劫过程中故意杀人的情形。李某在抢劫过程中至少放任被害人的死亡结果的发生，具有间接故意，属于"抢劫致人死亡"，加重处罚。
5. 李某盗窃枪支的行为如何定性？	李某知道自己犯下了命案，觉得这都是田某所致，遂决定除掉田某。李某从警察王某处窃取枪支一把，在前往田某家的途中被抓获。	［得出结论］李某构成盗窃枪支罪与故意杀人罪（预备），从一重罪处罚。 ［分析过程］李某盗窃枪支就是为杀人做准备，因此，一个行为触犯盗窃枪支罪与故意杀人罪（预备），从一重罪处罚。

S2：将结论用"倒置三段论"的方式表达出来。

答　案

1. 向某是公司、企业或者其他单位的人员，且作为出纳员，对公司财物有管控义务。向某挪用资金用于非法活动，构成挪用资金罪；之后对92余万元产生非法占有目的，并据为己有，构成职务侵占罪，与挪用资金罪数罪并罚。

2. 田某的重婚行为属于继续犯。2014年，田某回到原配向某处生活，并变卖房产，表明了不再维持事实婚姻的意思，犯罪状态结束，故追诉时效从2014年开始计算。

3. 田某与李某擅自复制、发行他人作品并出售，触犯侵犯著作权罪和销售侵权复制品罪，后行为属于"事后不可罚"，因此应当认定为侵犯著作权罪。

4. 李某使用暴力、昏醉的方式压制他人反抗，取得财物，构成抢劫罪。李某在抢劫过程中至少放任被害人的死亡结果的发生，具有间接故意，触犯故意杀人罪，因此整体评价为"抢劫致人死亡"，加重处罚。

5. 李某构成盗窃枪支罪，同时为杀人行为准备工具、制造条件，属于故意杀人罪（预备），从一重罪处罚。

案例十六
射线照领导，开车撞亲妈

案情：

2013年2月，古某因拆迁事宜为报复刘某，在刘某办公室内的暗室安装铱射线工业探伤机，使用铱源对刘某的身体进行照射，致使刘某及其他70位工作人员受到放射源的辐射伤害。经鉴定，刘某为重伤，有13人为轻伤。

2013年4月，执法人员开始拆除古某家的违章建筑，古某看到房子被拆越想越气。随后，古某加速驾驶小轿车直冲下去，撞到了维持外围秩序的多名工作人员，其中，李某被车头撞飞，滚在引擎盖上后又被甩在地上。古某继续右转向行驶，并朝工作人员密集的地方冲撞而去，直至撞上房屋南侧小门。在此过程中，古某又撞到多名工作人员和其母亲。后古某驾车逃跑。经鉴定，其中5人的损伤程度为轻伤，2人为轻微伤，4人未达到轻微伤程度。

2014年7月2日晚21时，古某驾驶小轿车，碰撞到行走的被害人徐某，致其身体局部受伤倒地。古某驾车离开现场。22时许，张某开车行至该路段，碰撞到躺在快车道上的徐某，造成徐某当场死亡。经交通警察大队事故责任认定，该事故第一次碰撞中，古某负事故全部责任，徐某无责任；第二次碰撞中，古某负事故同等责任，张某负事故同等责任，徐某无责任。

2014年7月5日，古某在逃跑过程中，穿过一小镇时，正在停靠于路边收割机后玩耍的儿童李某突然想跑到马路对面，并横穿公路来到车前。正常驾驶的古某立即刹车，但仍未阻止儿童被汽车撞伤死亡。后古某被愤怒的村民拦截，扭送至公安机关。经查，古某在此前的数小时，在限速40公里/小时的路段以50公里/小时的速度行驶，曾在限速110公里/小时的路段以130公里/小时的速度高速行驶。

问题：

1. 古某在刘某办公室安装铱射线工业探伤机的行为应当如何处理？造成刘某等多人身体伤害的行为又应当如何定性？为什么？
2. 古某驾车冲撞执法人员，是否构成犯罪？如果构成，应以何罪处理？
3. 古某与徐某的死亡结果是否存在因果关系？为什么？针对徐某的死亡，古某的肇事行为应当如何处理？如果古某的辩护律师主张第一次撞击未造成徐某重伤以上结果，会影响案件的认定吗？
4. 古某的违章行为与儿童的死亡结果之间是否存在因果关系？为什么？

解答思路

S1：逐问分析案情。

问　　题	关键事实	结论和理由
1. 古某在刘某办公室安装铱射线工业探伤机的行为应当如何处理？造成刘某等多人身体伤害的行为又应当如何定性？为什么？	○古某因拆迁事宜为报复刘某，在刘某办公室内的暗室安装铱射线工业探伤机，使用铱源对刘某的身体进行照射，致使刘某及其他70位工作人员受到放射源的辐射伤害。经鉴定，刘某为重伤，有13人为轻伤。	[得出结论] 古某属于投放危险物质致人重伤。 [分析过程] 投放危险物质罪，是指故意投放毒害性、放射性、传染病病原体等物质，危害公共安全的行为。"铱射线"属于放射性物质，也属于"危险物质"。投放危险物质致人重伤、死亡的，属于结果加重犯。

续表

问题	关键事实	结论和理由
2. 古某驾车冲撞执法人员，是否构成犯罪？如果构成，应以何罪处理？	○古某加速驾驶小轿车直冲下去，撞到了维持外围秩序的多名工作人员，其中，李某被车头撞飞，滚在引擎盖上后又被甩在地上。古某继续右转向行驶，并朝工作人员密集的地方冲撞而去，直至撞上房屋南侧小门。在此过程中，古某又撞到多名工作人员和其母亲。后古某驾车逃跑。经鉴定，其中5人的损伤程度为轻伤，2人为轻微伤，4人未达到轻微伤程度。	[得出结论]古某构成以危险方法危害公共安全罪。 [分析过程]程度上，以危险方法危害公共安全罪>交通肇事罪>危险驾驶罪。以危险方法危害公共安全罪危及不特定人，是"死一片"；交通肇事罪是结果犯，是"死一个"；危险驾驶罪是抽象危险犯，是"没死呢"。本案中，古某撞向不特定人，危险程度高，已经达到了与"放火"等价的程度，构成以危险方法危害公共安全罪。
3. 古某与徐某的死亡结果是否存在因果关系？为什么？针对徐某的死亡，古某的肇事行为应当如何处理？如果古某的辩护律师主张第一次撞击未造成徐某重伤以上结果，会影响案件的认定吗？	○古某驾驶小轿车，碰撞到行走的被害人徐某，致其身体局部受伤倒地。古某驾车离开现场。22时许，张某开车行至该路段，碰撞到躺在快车道上的徐某，造成徐某当场死亡。	[得出结论]古某与徐某的死亡结果存在因果关系，属于"交通肇事逃逸致人死亡"。 [分析过程]张某因为前方道路上事故、来不及刹车碰撞到被害人是正常介入因素，不切断因果关系，因此，古某与徐某的死亡结果存在因果关系。另外，成立"交通肇事逃逸致人死亡"并不要求前行为已构成交通肇事罪，只要前面有肇事行为即可。古某前面有肇事行为，且有"逃逸致人死亡"的情节发生，因此属于"交通肇事逃逸致人死亡"。
4. 古某的违章行为与儿童的死亡结果之间是否存在因果关系？为什么？	○正在停靠于路边收割机后玩耍的儿童李某突然想跑到马路对面，并横穿公路来到车前。正常驾驶的古某立即刹车，但仍未阻止儿童被汽车撞伤死亡。 ○古某在此前的数小时，在限速40公里/小时的路段以50公里/小时的速度行驶，曾在限速110公里/小时的路段以130公里/小时的速度高速行驶。	[得出结论]古某的违章行为与儿童的死亡结果之间没有因果关系。 [分析过程]虽然本案从形式上看，如果没有数小时前的超速行为，就不会发生此时此刻的事故。但是，从规范的保护目的上说，法律禁止超速是为了防止在"此时此刻"撞到他人，而不是为了防止在以后的某一时刻因为"蝴蝶效应"撞到他人。因此，古某的超速行为与后来发生的事故没有法律上的因果关系。

S2：将结论用"倒置三段论"的方式表达出来。

答　案

1. 古某投放放射性物质，侵害不特定人的生命健康，危及公共安全，构成投放危险物质罪，且造成重伤结果，属于投放危险物质致人重伤。

2. 古某在人群聚集地驾车撞人，危及公共安全，且达到了与放火罪等危险性等价的程度，构成以危险方法危害公共安全罪。

3. （1）古某将徐某撞倒在快车道上，后车碰撞导致徐某死亡属于正常介入因素，不切断古某的行为与徐某的死亡结果之间的因果关系。因此，古某与徐某的死亡结果存在因果关系。古某的逃逸行为导致被害人死亡，古某属于交通肇事逃逸致人死亡，加重处罚。

（2）成立"交通肇事逃逸致人死亡"并不要求前行为已构成交通肇事罪，辩护律师的主张不会影响案件的认定。

4. 古某的超速行为与后来事故之间不具有法律上的因果关系，因此不能将儿童的死亡结果归责于古某的超速行为。

案 例 十 七
"杜某杀红眼"案

案情：

司机杜某驾驶一辆小货车（严重超载）在某国道上行驶，货主蒋某坐在副驾上押运。此时，一辆小轿车从杜某的货车左侧超车急驶而过，令杜某非常气愤，遂不顾路侧限速50公里/小时标识规定，超速至100公里/小时，驾车追逐小轿车。（事实一）

杜某在一十字路口处闯红灯，将一骑自行车的行人张某撞倒。蒋某教唆杜某逃走。杜某下车查看张某的状况，摸鼻息，见张某似无呼吸，大声呼喊张某5分钟之久，见其也无反应，误认为张某已死亡，杜某遂逃跑。之后，群众虽然发现了张某，但因送治太晚，张某经医治无效死亡。（事实二）

有群众发现二人行径，欲拦截抓捕二人。杜某开车撞向人群，2名群众躲闪不及被撞成重伤。（事实三）

事后，蒋某因害怕追究想去公安机关投案，杜某知悉此情况后，潜入蒋某家中（公寓），将蒋某家厨房里的煤气管割开，意图将蒋某熏死。蒋某半夜起床上厕所，拉开电灯引起火花，点燃煤气，引起大火，将蒋某及周围的公寓烧毁，蒋某及5名居民被烧死。（事实四）

问题：

1. 对于事实一，分析杜某行为的性质，并说明理由。

2. 对于事实二，分析蒋某、杜某行为的性质，并说明理由。

3. 对于事实三，分析杜某行为的性质，蒋某是否对群众重伤的结果负责，并说明理由。

4. 对于事实四，分析杜某行为的性质，并说明理由。

解答思路

S1：逐问分析案情。

问　　题	关键事实	结论和理由
1. 对于事实一，分析杜某行为的性质，并说明理由。	司机杜某驾驶一辆小货车（严重超载）在某国道上行驶，货主蒋某坐在副驾上押运。此时，一辆小轿车从杜某的货车左侧超车急驶而过，令杜某非常气愤，遂不顾路侧限速50公里/小时标识规定，超速至100公里/小时，驾车追逐小轿车。	［得出结论］杜某不构成危险驾驶罪。 ［分析过程］"追逐竞驶"需要有"参照物"，一个人超速不构成危险驾驶罪。
2. 对于事实二，分析蒋某、杜某行为的性质，并说明理由。	杜某（严重超载）在一十字路口处闯红灯，将一骑自行车的行人张某撞倒。蒋某教唆杜某逃走。杜某下车查看张某的状况，摸鼻息，见张某似无呼吸，大声呼喊张某5分钟之久，见其也无反应，误认为张某已死亡，杜某遂逃跑。之后，群众虽然发现了张某，但因送治太晚，张某经医治无效死亡。	［得出结论］杜某属于"交通肇事逃逸致人死亡"；蒋某成立交通肇事罪的共同犯罪。 ［分析过程］客观上，杜某因为逃逸导致被害人死亡，属于"交通肇事逃逸致人死亡"。交通肇事后，乘车人蒋某指使肇事者杜某逃逸，致使被害人因得不到救助而死亡的，以交通肇事罪的共犯论处，也适用"交通肇事逃逸致人死亡"的法定刑。
3. 对于事实三，分析杜某行为的性质，蒋某是否对群众重伤的结果负责，并说明理由。	有群众发现二人行径，欲拦截抓捕二人。杜某开车撞向人群，2名群众躲闪不及被撞成重伤。	［得出结论］杜某构成以危险方法危害公共安全罪。 ［分析过程］程度上，以危险方法危害公共安全罪＞交通肇事罪＞危险驾驶罪。以危险方法危害公共安全罪危及不特定人，是"死一片"；交通肇事罪是结果犯，是"死一个"；危险驾驶罪是抽象危险犯，是"没死呢"。杜某开车撞向人群，危险程度极高，构成以危险方法危害公共安全罪。蒋某没有参与杜某的行为，不构成以危险方法危害公共安全罪。

问　　题	关键事实	续表 结论和理由
4. 对于事实四，分析杜某行为的性质，并说明理由。	事后，蒋某因害怕追究想去公安机关投案，杜某知悉此情况后，潜入蒋某家中（公寓），将蒋某家厨房里的煤气管割开，意图将蒋某熏死。蒋某半夜起床上厕所，拉开电灯引起火花，点燃煤气，引起大火，将蒋某及周围的公寓烧毁，蒋某及5名居民被烧死。	[得出结论] 杜某属于放火致人死亡。 [分析过程] 杜某释放煤气引发火灾，危及公共安全，构成放火罪；导致他人死亡，认定为"放火罪致人死亡"，不再单独以故意杀人罪论处。

S2：将结论用"倒置三段论"的方式表达出来。

答　案

1. 杜某在道路上驾驶机动车单方面超速追逐，不具备"追逐竞驶"中"竞"的构成要件，因而不构成危险驾驶罪。

2. （1）杜某严重超载，导致一人重伤，构成交通肇事罪；之后杜某遗弃被害人，使得被害人得不到及时救治而死亡，属于"交通肇事后逃逸致人死亡"，加重处罚。

（2）蒋某作为乘车人，唆使肇事人逃逸，导致被害人死亡，属于交通肇事罪的共同犯罪，也属于"交通肇事后逃逸致人死亡"，加重处罚。

3. （1）杜某开车撞向人群，一次行为能够导致大规模人员死伤，其手段方法属于"危险方法"，并且造成了不特定多数人重伤的结果，系危害公共安全的行为，构成以危险方法危害公共安全罪；

（2）蒋某对此没有共同行为、共同故意，不构成共同犯罪，不对群众重伤的结果负责。

4. 杜某释放煤气引发火灾，危及公共安全，构成放火罪；导致他人死亡，认定为"放火罪致人死亡"，不再单独以故意杀人罪论处。

案 例 十 八

王某及其单位犯罪案

案情：

王某系A公司（具有法人资格的私营企业）的董事长兼总经理。2017年底，王某使用虚假的证明文件，以A公司名义，向B银行（国有控股银行）申请贷款200万元，欲用于A公司生产、销售伪劣白酒。（事实一）

B银行信贷部主任张某在审核A公司的贷款申请时，发现证明文件有假、贷款条件不符合。为此，王某送与张某20万元，希望网开一面，保证贷款会如期归还，张某遂将款项贷出。(事实二)

王某将贷款投入A公司生产、销售伪劣白酒。后因遭人举报，伪劣白酒未及售出即被查封，导致投资款均不能收回。经查，该酒含有对人体有害的工业酒精，货值金额20万元。(事实三)

为了弥补亏空，王某编造引资理由，许诺年利率40%的高额利息回报，以A公司名义向社会集资1000万元。A公司将此款多途使用。后因为利率太高，资金无法周转。王某明知不能归还，又集资3000万元，其中2000万元已被其用于归还之前的利息，导致该笔款项不能归还。经查，A公司另有其他合法经营业务。(事实四)

另有1000万元，被王某从A公司挪出，与蒋某合伙，从国外走私香烟入境。但蒋某却瞒着王某，在香烟中夹带十枝钢珠枪走私入境。后王某、蒋某在销售走私的香烟时被查获，香烟及涉案款项均被没收。经查，二人无烟草销售许可证。(事实五)

问题：

1. 对于事实一，王某构成何罪？A公司是否构成犯罪？理论上如何处理？
2. 对于事实二，王某、张某构成何罪？A公司是否构成犯罪？说明理由。
3. 对于事实三，王某构成何罪？A公司是否构成犯罪？说明理由。
4. 对于事实四，王某构成何罪？A公司是否构成犯罪？说明理由。
5. 对于事实五，王某、蒋某构成何罪？A公司是否构成犯罪？说明理由。

解答思路

S1：逐问分析案情。

问　　题	关键事实	结论和理由
1. 对于事实一，王某构成何罪？A公司是否构成犯罪？理论上如何处理？	⊙王某系A公司（具有法人资格的私营企业）的董事长兼总经理。2017年底，王某使用虚假的证明文件，以A公司名义，向B银行（国有控股银行）申请贷款200万元，欲用于A公司生产、销售伪劣白酒。	［得出结论］王某属于贷款诈骗的行为；对组织者王某认定为贷款诈骗罪。 ［分析过程］"用于生产、销售伪劣白酒"（犯罪活动）说明行为人并不想归还，构成贷款诈骗罪而非骗取贷款罪。 此外，贷款诈骗罪不能由单位构成，A公司不构成贷款诈骗罪，应对组织者王某认定为贷款诈骗罪。
2. 对于事实二，王某、张某构成何罪？A公司是否构成犯罪？说明理由。	⊙B银行信贷部主任张某在审核A公司的贷款申请时，发现证明文件有假、贷款条件不符。 ⊙张某遂将款项贷出。	［得出结论］张某构成违法发放贷款罪。 ［分析过程］违法发放贷款罪的主体是金融机构工作人员。张某虽然不是国家工作人员，但属于金融机构工作人员，可以构成违法发放贷款罪。

续表

问题	关键事实	结论和理由
2. 对于事实二，王某、张某构成何罪？A公司是否构成犯罪？说明理由。	⊙ 为此，王某送与张某20万元，希望网开一面，保证贷款会如期归还。	[得出结论] 张某构成非国家工作人员受贿罪；王某构成对非国家工作人员行贿罪；A公司构成对非国家工作人员行贿罪。 [分析过程] "国有控股银行"不是国有公司，因此里面的人员一般不是国家工作人员。张某不是国家工作人员，因此构成非国家工作人员受贿罪。 另外，王某给予贿赂是为A公司谋利，A公司构成对非国家工作人员行贿罪。
3. 对于事实三，王某构成何罪？A公司是否构成犯罪？说明理由。	⊙ 王某将贷款投入A公司生产、销售伪劣白酒。后因遭人举报，伪劣白酒未及售出即被查封，导致投资款均不能收回。经查，该酒含有对人体有害的工业酒精，货值金额20万元。	[得出结论] A公司触犯生产、销售有毒、有害食品罪和生产、销售伪劣产品罪（未遂），从一重罪处罚；王某和A公司认定相同。 [分析过程] 遇到生产、销售伪劣商品的案件，先看生产、销售的对象是什么，再看生产或者销售的数额有没有达到生产、销售伪劣产品罪的标准（销售5万元是既遂，生产15万元尚未销售是未遂）。如果构成2个以上罪名，从一重罪处罚。本案中，A公司生产、销售的是对人体有害的工业酒精，触犯生产、销售有毒、有害食品罪；同时，A公司生产20万元尚未卖出，触犯生产、销售伪劣产品罪（未遂），从一重罪处罚。 王某和A公司认定相同。
4. 对于事实四，王某构成何罪？A公司是否构成犯罪？说明理由。	⊙ 为了弥补亏空，王某编造引资理由，许诺年利率40%的高额利息回报，以A公司名义向社会集资1000万元。A公司将此款多途使用。后因为利率太高，资金无法周转。	[得出结论] A公司对于之前非法集资1000万元的行为，以及之后集资3000万元中的1000万元，构成非法吸收公众存款罪；王某和A公司认定相同。 [分析过程] 非法吸收公众存款罪，是指以高利回报为诱惑，直接或间接向不特定公众吸收存款，进行资本经营的行为。王某以投资为诱惑，吸收公众存款，构成非法吸收公众存款罪。 王某和A公司认定相同。

续表

问 题	关键事实	结论和理由
4. 对于事实四，王某构成何罪？A公司是否构成犯罪？说明理由。	○王某明知不能归还，又集资3000万元，其中2000万元已被其用于归还之前的利息，导致该笔款项不能归还。经查，A公司另有其他合法经营业务。	[得出结论] 对于2000万元，A公司构成集资诈骗罪；王某和A公司认定相同。 [分析过程] 对于2000万元，王某明知不能归还而集资，具有非法占有目的，构成集资诈骗罪。 王某和A公司认定相同。
5. 对于事实五，王某、蒋某构成何罪？A公司是否构成犯罪？说明理由。	○另有1000万元，被王某从A公司挪出，与蒋某合伙，从国外走私香烟入境。但蒋某却瞒着王某，在香烟中夹带十枝钢珠枪走私入境。后王某、蒋某在销售走私的香烟时被查获，香烟及涉案款项均被没收。经查，二人无烟草销售许可证。	[得出结论] 王某挪用单位资金，构成挪用资金罪；王某和蒋某走私香烟，构成走私普通货物、物品罪的共同犯罪；二人私自贩卖香烟，构成非法经营罪的共同犯罪。此外，蒋某单独构成走私武器罪；王某不知情，对此不负责。由于以上行为并非为了A公司的利益，因此，A公司对此不负责。

S2：将结论用"倒置三段论"的方式表达出来。

答 案

1. A公司骗取银行贷款用于违法活动，具有非法占有目的，属于贷款诈骗的行为。但由于贷款诈骗罪不能由单位构成，因此，A公司不构成贷款诈骗罪，应对组织者王某认定为贷款诈骗罪。

2.（1）张某作为非国家工作人员，收受他人财物，构成非国家工作人员受贿罪；同时违法发放贷款，构成违法发放贷款罪，与非国家工作人员受贿罪数罪并罚。

（2）王某给予非国家工作人员张某财物，构成对非国家工作人员行贿罪，与事实一中的贷款诈骗罪数罪并罚。

（3）王某给予贿赂是为A公司谋利，故A公司构成对非国家工作人员行贿罪。

3. A公司生产、销售有毒、有害的伪劣白酒，构成生产、销售有毒、有害食品罪；同时生产、销售伪劣产品，生产的货值金额超过15万元但未销售，构成生产、销售伪劣产品罪（未遂），与生产、销售有毒、有害食品罪从一重罪处罚。王某和A公司认定相同。

4. 对于之前非法集资1000万元的行为，以及之后集资3000万元中的1000万元，A公司违反国家规定，以高利回报为诱惑，向不特定公众吸收资金，构成非法吸收公众存款罪。A公司对之后的2000万元具有非法占有目的，构成集资诈骗罪，与非法吸收公众存款罪数罪并罚。王某和A公司认定相同。

5. 王某挪用单位资金，构成挪用资金罪；王某和蒋某走私香烟，构成走私普通货物、物品罪的共同犯罪；二人私自贩卖香烟，构成非法经营罪的共同犯罪。此外，蒋某单独构成走私武器罪；王某不知情，对此不负责。由于以上犯罪行为并非基于单位意志，也不是为了单位利益，因此，A 公司对此不负责。

案例十九

骗色又赌博，开设赌场把人打

案情：

2013 年 4 月，李某经人介绍认识了郭某某（女）。李某谎称自己是某省法院处级审判员，可将郭某某的两个儿子安排到省法院汽车队和保卫处工作，骗取了郭某某的信任，不久两人非法同居几个月。随后李某因租房认识了房东邵某某（女）。李某身着法官制服，自称是某省法院刑一庭庭长，答应将邵某某的女儿调进法院工作，以需要进行疏通为名，骗取了邵某某人民币 4000 元。

2014 年 12 月，李某购得用于赌博作假的透视扑克牌及隐形眼镜，预谋在赌博中使用。某日下午，李某利用在家中赌博的机会，用该透视扑克牌与他人一起以打"梭哈"的形式进行赌博，李某在赌博过程中持续佩戴隐形眼镜至赌博结束，共赢得现金 48 000 元。

2016 年 1 月，李某经人介绍负责谷中城公司经营、管理。李某与"乐天堂"网站联系，签订资金支付服务合同；利用该公司管理的在快钱公司中开设的账户，为"乐天堂"等赌博网站提供结算服务，并从中收取服务费。其中，2016 年 3 月，谷中城公司管理的与"乐天堂"赌博网站对应的系统账户进账人民币 650 余万元。

2016 年 12 月，李某酒后驾驶汽车行驶至某路口时，遇民警检查。李某拒不配合检查，欲弃车逃离，被民警带至检查站内进行检查。在检查站内，李某告诉民警自己是省法院领导，希望民警通融，民警拒不理睬，李某推搡拉扯民警，阻碍民警对其检查，将民警余某警服撕破，并将其推倒在地，致余某受轻伤。经鉴定，李某血液酒精含量为 206 毫克/100 毫升。民警后找法院核实李某身份，遂案发。

问题：

1. 李某冒充法院工作人员的行为应当如何处理？这种冒充行为是否具备法定从重情节？为什么？
2. 李某用透视扑克牌赌博的行为，应当如何处理？为什么？
3. 李某为赌博网站提供结算服务，并从中收取服务费，应当如何处理？为什么？
4. 李某酒后驾车并阻碍民警检查的行为，应当如何处理？为什么？

解答思路

S1：逐问分析案情。

问　　题	关键事实	结论和理由
1. 李某冒充法院工作人员的行为应当如何处理？这种冒充行为是否具备法定从重情节？为什么？	⊙ 李某谎称自己是某省法院处级审判员，可将郭某某的两个儿子安排到省法院汽车队和保卫处工作，骗取了郭某某的信任，不久两人非法同居几个月。	[得出结论] 李某构成招摇撞骗罪。 [分析过程] 诈骗罪骗取的只能是财物；招摇撞骗罪可以骗钱，也可以骗色。因此，本案中，李某没有骗取他人财物，仅构成招摇撞骗罪，不构成诈骗罪。
	⊙ 李某身着法官制服，自称是某省法院刑一庭庭长，答应将邵某某的女儿调进法院工作，以需要进行疏通为名，骗取了邵某某人民币4000元。	[得出结论] 李某构成诈骗罪和招摇撞骗罪，从一重罪处罚。 [分析过程] 诈骗罪和招摇撞骗罪不是一般罪名与特别罪名的关系，而是应当从一重罪处罚。
2. 李某用透视扑克牌赌博的行为，应当如何处理？为什么？	⊙ 李某利用在家中赌博的机会，用该透视扑克牌与他人一起以打"梭哈"的形式进行赌博，李某在赌博过程中持续佩戴隐形眼镜至赌博结束，共赢得现金48 000元。	[得出结论] 李某构成诈骗罪。 [分析过程] "赌博"的本质是"射幸行为"，即结局具有随机性。由于李某在赌博中作弊，因此，李某赢的结局已经注定，其不构成赌博罪，而是构成诈骗罪。
3. 李某为赌博网站提供结算服务，并从中收取服务费，应当如何处理？为什么？	⊙ 李某经人介绍负责谷中城公司经营、管理。李某与"乐天堂"网站联系，签订资金支付服务合同；利用该公司管理的在快钱公司中开设的账户，为"乐天堂"等赌博网站提供结算服务，并从中收取服务费。	[得出结论] 李某构成开设赌场罪的帮助犯，同时构成帮助信息网络犯罪活动罪，从一重罪处罚。 [分析过程] 构成帮助信息网络犯罪活动罪，又构成其他罪的帮助犯的，从一重罪处罚。
4. 李某酒后驾车并阻碍民警检查的行为，应当如何处理？为什么？	⊙ 2016年12月，李某酒后驾驶汽车行驶至某路口。 ⊙ 经鉴定，李某血液酒精含量为206毫克/100毫升。	[得出结论] 李某构成危险驾驶罪。 [分析过程] "醉酒驾驶"不同于"酒后驾驶"，醉酒驾驶是指血液中的酒精含量达到80毫克/100毫升以上。李某醉酒驾驶机动车，构成危险驾驶罪。
	⊙ 李某推搡拉扯民警，阻碍民警对其检查，将民警余某警服撕破，并将其推倒在地，致余某受轻伤。	[得出结论] 李某以暴力袭击警察，构成袭警罪，与故意伤害罪从一重罪处罚。

S2：将结论用"倒置三段论"的方式表达出来。

答 案

1. 李某冒充国家机关工作人员骗郭某某，构成招摇撞骗罪。之后李某冒充国家机关工作人员骗取邵某某财物，同时构成诈骗罪与招摇撞骗罪，从一重罪处罚。"冒充人民警察招摇撞骗"的才从重处罚，由于李某并非冒充警察，因此不属于法定从重情节。

2. 李某利用透视扑克牌赌博，控制赌博输赢，欺骗他人获取财物，构成诈骗罪。由于行为背离了赌博的"随机性"本质，因此，李某不构成赌博罪。

3. 李某为他人开设赌场提供帮助，属于开设赌场罪的帮助犯，同时构成帮助信息网络犯罪活动罪，从一重罪处罚。

4. 李某醉酒驾驶机动车，构成危险驾驶罪。之后李某暴力袭击正在依法执行公务的人民警察，构成袭警罪，与故意伤害罪从一重罪处罚，再与危险驾驶罪数罪并罚。

专题三 "观点展示"型

案例二十 特定罪名的观点展示

问题1： 甲绑架乙之后用花瓶猛击乙的头部，但乙没有死亡，只受轻伤。对于本案，存在两种观点：第一种观点认为，甲成立绑架罪一罪，加重处罚；第二种观点认为，甲成立绑架罪和故意杀人罪，数罪并罚。请分别说明理由。

问题2： 甲进入超市抢劫得逞之后，在门口遇到保安，甲为了抗拒抓捕将保安打成重伤。对于本案，存在两种观点：第一种观点认为，甲属于转化抢劫；第二种观点认为，甲成立抢劫罪与故意伤害罪，数罪并罚。请分别说明理由。

问题3： 甲教唆乙实施抢劫，乙只实施了盗窃行为。对于本案，存在两种观点：第一种观点认为，甲成立抢劫罪的教唆犯；第二种观点认为，甲成立盗窃罪的教唆犯。请分别说明理由。

问题4： 甲出于报复，将乙家的窗户砸碎。后来查明，乙家发生了煤气泄漏，甲砸碎窗户的行为恰好救了乙。对于本案，存在两种观点：第一种观点认为，甲构成故意毁坏财物罪；第二种观点认为，甲不构成犯罪。请分别说明理由。

解答思路

S1：先预估出两个可能的结论，并且找到可能导致结论不同的核心点，找出表达关键词。

问 题	结 论	理 由	区分核心	关键词
问题1	绑架罪，加重处罚	绑架罪可以吸收故意杀人未遂。	如何理解"绑架并杀害被绑架人"？	"绑架并杀害被绑架人"；绑架罪，加重处罚。
问题1	绑架罪和故意杀人罪，数罪并罚	绑架罪不可以吸收故意杀人未遂。		
问题2	转化为抢劫罪	前置罪名是普通抢劫也可以转化抢劫。	普通抢劫是不是可以解释进转化抢劫的前置罪名（盗窃罪、诈骗罪、抢夺罪）中？	转化抢劫；抢劫致人重伤。
问题2	抢劫罪与故意伤害罪，数罪并罚	前置罪名是普通抢劫不可以再转化，只能数罪并罚。		
问题3	抢劫罪的教唆犯	教唆的内容是抢劫，应当构成抢劫罪。	教唆犯的认定是否从属于正犯？	"共犯从属性"；"共犯独立性"；盗窃罪；抢劫罪。
问题3	盗窃罪的教唆犯	实行行为是盗窃，教唆者也只构成盗窃罪。		
问题4	故意毁坏财物罪	需要具有避险意思才能成立紧急避险。	偶然避险中，避险意思是否必要？	偶然避险；"避险意思不要说"；"避险意思必要说"。
问题4	不构成犯罪	不需要具有避险意思就能成立紧急避险。		

S2：对结论凑出表达即可。

答案

1. 关于问题1

甲绑架之后实施杀人行为，但未造成死亡结果。对于甲的行为认定，存在两种观点：

观点1：绑架之后只要有杀人的行为就属于"绑架并杀害被绑架人"，甲符合这一条件，属于"绑架并杀害被绑架人"。但由于没有造成死亡结果，因此同时适用犯罪未遂的规定，从宽处罚。

观点2：绑架之后需要有杀人行为且造成死亡结果才能认定为"绑架并杀害被绑架人"，甲没有导致被害人死亡，不符合这一条件。因此，甲只能认定为绑架罪的基本情节，之后构成故意杀人罪（未遂），数罪并罚。

2. 关于问题2

甲实施抢劫之后为了抗拒抓捕使用暴力，导致他人重伤。对于甲的行为认定，存在两种观点：

观点1：转化抢劫的前置罪名（盗窃罪、诈骗罪、抢夺罪）当然包括抢劫行为，则甲实施抢劫行为之后为了抗拒抓捕使用暴力，转化为抢劫罪，且属于"抢劫致人重伤"；

观点2：转化抢劫的前置罪名（盗窃罪、诈骗罪、抢夺罪）不包括抢劫行为，则甲在抢劫之后使用暴力，不能再转化为抢劫罪，只能认定为普通抢劫罪与故意伤害罪，数罪并罚。

3. 关于问题3

甲教唆乙抢劫，但乙实施了盗窃。对于甲的行为认定，存在两种观点：

观点1：甲教唆的内容是抢劫，因此，甲构成抢劫罪的教唆犯。乙没有按照甲教唆的内容实行，甲构成抢劫罪的教唆犯（未遂）。

观点2：甲的罪名认定从属于正犯，乙实施的是盗窃行为，因此，甲只构成盗窃罪的教唆犯。

4. 关于问题4

甲主观上意图实施故意毁坏财物的行为，但客观上保全了更大的法益，造成了紧急避险的效果，属于"偶然避险"。对于甲的行为认定，存在两种观点：

观点1：避险意思是成立紧急避险所必要的，甲虽然在客观上保护了更大的法益，但主观上有毁坏财物的故意，缺乏避险意思，因此构成故意毁坏财物罪；

观点2：避险意思是不必要的，甲客观上保护了更大的法益，属于紧急避险，不构成犯罪。

专题四 "论述写作"型

案例二十一
材料论述题

材料：

《刑法》第263条规定："以暴力、胁迫或者其他方法抢劫公私财物的，处3年以上10年以下有期徒刑，并处罚金；有下列情形之一的，处10年以上有期徒刑、无期徒刑或者死刑，并处罚金或者没收财产：……⑥冒充军警人员抢劫的；……"

甲作为军警人员，展示自己的身份并实施抢劫，是否适用抢劫罪的加重情节？有学者认为，军警人员展示自己的身份实施抢劫，是比假冒军警人员抢劫更严重的情况，而"冒充"可以解释为"假冒"和"充当"。因此，军警人员展示自己的身份实施抢劫的，也属于"冒充"军警人员抢劫。

问题： 结合材料，试从刑法解释、罪刑法定原则、罪刑相适应原则评价上面材料中的观点。

解答思路

S1：建立论述框架，确立每一段的核心思想。

段　落	论述核心	关键词
第一段	扩大解释和类推的界限。	扩大解释；类推；可预期。
第二段	罪刑法定原则和罪刑相适应原则。	罪刑法定；保障人权；罪刑相适应。
第三段	"冒充"能否理解为包括"充当"。	"冒充"。

S2：填充框架，将核心逻辑和关键词通过完整的句子结构表达出来。

答　案

刑法中，扩大解释和类推的界限在于是否超过国民的预期，在一般人看来是否具有语言的可预测性。对刑法分则条文的解释，必须同时符合两个要求：①不能超出刑法用语可能具有的含义；②必须符合分则条文的目的。

因此，在对语词进行理解的时候，需要兼顾与平衡"罪刑法定原则"与"罪刑相适应原则"的关系。一方面，刑法禁止不利于行为人的类推。由于罪刑法定原则通过立法权限制了司法权的不当扩张，而立法者事先规定犯罪与刑罚的内容，使得国民能够提前预测自己行为的法律效果，起到保障人权的作用，因此，对刑法中语词的理解必须遵循一般人的认知，不得超出社会一般人的认知范围，否则就与刑法通过文字形成的规范指引国民的目的相悖。另一方面，"罪刑相适应原则"要求犯罪人所犯的罪行与应承担的刑事责任应当相当，重罪重判、轻罪轻判。在对刑法中语词进行理解的时候，需要同时遵循"罪刑法定原则"与"罪刑相适应原则"的要求。

军警人员展示自己的身份实施抢劫的，由于动摇了军警人员的公信力，因此在社会危险性上高于假冒军警人员抢劫的情形。根据"罪刑相适应原则"的要求，军警人员展示自己的身份实施抢劫的情况更加应当按照抢劫罪加重处罚。但是，从"罪刑法定原则"的角度来说，"冒充"一词有其在日常生活中相对固定的用法，将"冒充"理解为"假冒"和"充当"不符合一般人的表达习惯，超出了一般公民的预期。因此，为了维护刑法中最基本的"罪刑法定原则"，不宜将军警人员展示自己的身份实施抢劫的情形纳入"冒充军警人员抢劫"的解释范畴，而是应当通过立法的方式填补法律漏洞，做到罪刑相适应。

声　明　1. 版权所有，侵权必究。
　　　　2. 如有缺页、倒装问题，由出版社负责退换。

图书在版编目（CIP）数据

主观题沙盘推演. 刑法/陈橙编著. —北京：中国政法大学出版社，2024.6
ISBN 978-7-5764-1480-6

Ⅰ.①主… Ⅱ.①陈… Ⅲ.①中华人民共和国刑法－资格考试－自学参考资料 Ⅳ.①D920.4

中国国家版本馆CIP数据核字(2024)第108017号

出版者	中国政法大学出版社
地　　址	北京市海淀区西土城路25号
邮寄地址	北京100088 信箱8034分箱　邮编100088
网　　址	http://www.cuplpress.com（网络实名：中国政法大学出版社）
电　　话	010-58908285(总编室) 58908433（编辑部） 58908334(邮购部)
承　　印	三河市华润印刷有限公司
开　　本	787mm×1092mm　1/16
印　　张	11
字　　数	270千字
版　　次	2024年6月第1版
印　　次	2024年6月第1次印刷
定　　价	67.00元

厚大法考（南京）2024年主观题面授教学计划

班次名称		授课时间	标准学费（元）	授课方式	阶段优惠(元)		
					4.10前	5.10前	6.10前
大成系列	主观集训班A模式	7.10~10.16	19800	加密视频+面授	13800	14800	15800
	主观集训班B模式				①协议班次无优惠，订立合同；②2024年主观题考试若未过关，退13000元		
	主观高效提分班A模式	8.25~10.16	15800	加密视频+面授	9800	10800	11800
	主观高效提分班B模式				①协议班次无优惠，订立合同；②2024年主观题考试若未过关，退9000元		
冲刺系列	主观短训班	9.23~10.16	14800	面　授		8800	9300
	主观短训VIP班				专属辅导，一对一批阅		
	主观决胜班	9.30~10.16	12800	面　授		6800	7300
	主观决胜VIP班				专属辅导，一对一批阅		
	主观点睛冲刺班	10.10~10.16	6800	面　授		4080	4280

各阶段优惠政策：
1. 多人报名可在优惠价格基础上再享团报优惠：3人（含）以上报名，每人优惠200元；5人（含）以上报名，每人优惠300元；8人（含）以上报名，每人优惠500元。
2. 厚大面授老学员报名再享9折优惠。

PS：课程时间根据2024年司法部公布的主观题考试时间相应调整。

【南京分校地址】江苏省南京市江宁区宏运大道1890号厚大法考南京教学基地　　咨询热线：025-84721211

厚大法考（杭州）2024年主观题面授教学计划

班次名称		授课时间	标准学费（元）	授课方式	阶段优惠(元)		
					4.10前	5.10前	6.10前
大成系列	主观大成集训班	6.22~10.16	18800	加密视频+面授	11800	12300	12800
冲刺系列	主观短训班	9.23~10.16	14800	面　授		8800	9300
	主观短训VIP班				专属辅导，一对一批阅		
	主观决胜班	9.30~10.16	12800	面　授		6800	7300
	主观决胜VIP班				专属辅导，一对一批阅		
	主观点睛冲刺班	10.10~10.16	6800	面　授		4080	4280

各阶段优惠政策：
1. 多人报名可在优惠价格基础上再享团报优惠：3人（含）以上报名，每人优惠200元；5人（含）以上报名，每人优惠300元；8人（含）以上报名，每人优惠500元。
2. 厚大面授老学员报名再享9折优惠。

PS：课程时间根据2024年司法部公布的主观题考试时间相应调整。

【杭州分校地址】浙江省杭州市钱塘区二号大街515号智慧谷1009室　　咨询热线：0571-28187005

厚大法考APP　　厚大法考官博　　南京厚大法考官博　　杭州厚大法考官博

2024年主观刑法观点展示私塾课

厚大网授

*课程时间：2024年5月底~2024年主观题考前

◎ 系统　◎ 专业　◎ 高效　◎ 减负

第一轮 | 系统精讲阶段 （5月底~7月中下旬）

- **授课内容**：以《刑法观点展示》图书为教材，系统讲解书中的42个观点展示和12道精编模拟题。
- **配套服务**：直播互动答疑；班主任督学；QQ群内答疑。
- **直播时间**：5月30日~7月19日；每周五19:30~21:30；共8次，共计16个小时课程。

第二轮 | 写作训练阶段 （7月底~9月中下旬）

- **授课内容**：使用电子版内部讲义，每周8句主观题金句和8道小案例（包含部分非观点展示的基础知识点），共计72句主观题金句，72道小案例。
- **配套服务**：直播互动答疑；班主任会提前将案例录入题库训练系统，以供在线刷题；QQ群内答疑批改。
- **直播时间**：7月26日~9月20日；每周五19:30~21:30；共9次，共计18个小时课程。

第三轮 | 真题实战阶段 （9月底~10月上旬）

- **授课内容**：精选10道历年真题，练习、讲解、带写。
- **配套服务**：直播互动答疑；班主任会提前将案例录入题库训练系统，以供在线刷题；每人人工批改一道真题；QQ群内定时答疑。
- **直播时间**：9月27日~10月11日；每周五19:30~21:30；共3次，共计6个小时课程。

第四轮 | 考前点睛阶段 （10月中旬）

- **授课内容**：结合最新考情，整理出今年主观题高概率的知识点，形成最精练内容，以供考前参阅。
- **配套服务**：直播互动答疑；班主任会提前发电子版讲义以供预习；QQ群内定时答疑。
- **直播时间**：10月15日；周三19:30~21:30；共1次，共计2个小时课程。

扫码即可购买

2024年主观88天冲关班

*全程督学　　*任务清单　　*专属答疑　　*人工批阅
*考点带背　　*三位一体　　*专项提升

◎ 人工精批　◎ 主观突破　◎ 应试好课　◎ 带写带练

厚大网授

课程特色　课程时间：8月中旬-10月14日

精选高质量模拟大案例

15道人工一对一精细化批阅

考点带背梳理知识体系

三位一体多轮巩固

普通模式
扫码购买了解详情

协议模式
扫码购买了解详情

阶段设置

第一阶段	第二阶段	第三阶段
考点带背梳理	大案例带写特训	专项提升

第四阶段	第五阶段
三位一体	考前预测模拟

◎ 刷题　◎ 批改　◎ 精讲　　厚大网授

2024年主观30天大案例批改班

*循环开班

*单科批阅,误区集锦,总结点拨

*一对一人工批阅找茬,个性化诊断

课程特色

科目融合　顺应法考趋势,把握命题规律,民事科目融合专项训练,占领通关制高点

个性诊断　一对一人工批阅找茬,30次个性化诊断,快速提分看得见

直播带练　直播互动,手把手教你答题技巧,提升应试技能

知识梳理　重点归纳,深入浅出,根据学员答题情况再次夯实理论知识系统

配套解析　每题均有配套解析,详细注明采分点,深度剖析答题范式,梳理重要考点

考点必背　主观题黄金核心知识点,点点精华,背练结合,双管齐下

黄金十点　每日十点黄金考点,定时推送,日积月累掌握主观题重要考点

群内答疑　专业讲师群内答疑,及时解答专业问题,解疑惑,知进步

扫码购买了解详情

精选高质量大案例　　多角度全方位助您提升　　集讲师批改、点评、直播带写带练于一体